W0416319

Marlisa Szwillus | Kunisuke Mitani

SUSHI

der pure Genuß

Fotografie: Barbara Bonisolli

Inhalt

Der pure Genuß

Unaufhaltsam wird die Kunst des Häppchen-Essens kultiviert. Verwöhnen Sie sich und Ihre Gäste mit Sushi, die leichter gemacht sind, als Sie glauben. Wer einmal diesen kulinarischen Hochgenuß gekostet hat, wird begeistert sein.

Die Klassiker der Japan-Küche

Sushi sind bei uns zum Inbegriff der japanischen Küche geworden, deren drei Grundprinzipien Natürlichkeit, Harmonie und Ästhetik heißen. Natürlichkeit bezieht sich auf den Anspruch, die Lebensmittel durch die Zubereitungen möglichst wenig zu verändern, um ihren Eigengeschmack zu bewahren; darüber hinaus die Produkte der Saison zu verwenden. Harmonie meint das Zusammenspiel der Zutaten, was Geschmack, Konsistenz und Farbe betrifft. Und Ästhetik das meisterhafte Arrangieren und Dekorieren. Was uns kunstvoll und zum Teil ungewöhnlich erscheint, ist in Japan eine Selbstverständlichkeit. Auch heute hängt man im Land der aufgehenden Sonne trotz High-Tech und Fast-Food noch mit Liebe an der traditionellen Kochkultur, sieht Essen als Gesamtkunstwerk.

Mehr als nur ein Trend

Die letzten Jahre bescherten uns einen regelrechten Sushi-Boom. Kaum mehr ein In-Lokal kommt ohne Sushi-Karte aus, und fast jede Großstadt hat inzwischen eine Sushi-Bar. Immer mehr neugierige Esser überwinden ihre Schwellenangst gegenüber rohem Fisch und entdecken genußvoll kulinarisches Neuland. Neben dem überaus zarten und delikaten Fisch gehören auch gegarte Zutaten, Gemüse und Omelett zu den Dingen, mit denen man Sushi aufs Köstlichste belegen oder füllen kann. Die Möglichkeiten bei den verschiedenen Sushi-Arten sind unglaublich vielfältig. Sushi sind vom exklusiven Snack für einen kleinen Insiderkreis zum feinen Essen für jedermann geworden. Allerdings sind sie im Restaurant oder in der Bar nicht gerade ein preiswertes Vergnügen. Darum wagen sich begeisterte Sushi-Esser immer häufiger ans Selbermachen dieser Speziälität, die mit etwas Fingerfertigkeit und einer Portion Geduld schön und köstlich gelingt.
Die Rezepte in diesem Buch sind so detailliert beschrieben, daß auch unerfahrene Sushi-Köche sie erfolgreich ausprobieren können. »Wirklich alles selbstgemacht?« werden Ihre Gäste fragen, denn formvollendet perfekt sieht alles aus, was Sie ihnen auftischen.

Gesund & figurfreundlich

Ernährungsexperten loben Sushi als ausgewogenes und supergesundes Essen, weil es enorm nährstoffreich und gleichzeitig extrem fettarm ist. Fisch und Meeresfrüchte liefern das volle Spektrum an Nähr- und Vitalstoffen, die die geistige und körperliche Fitneß fördern: vor allem hochwertiges, leicht verdauliches Eiweiß, Vitamine, Mineralstoffe und die lebenswichtigen Omega-3-Fettsäuren, die unter anderem Herz-Kreislauf-Erkrankungen vorbeugen. Reis und Gemüse bringen wichtige Kohlenhydrate und Ballaststoffe. Die Noriblätter aus gepreßtem Seetang enthalten ungewöhnlich hohe Mengen an Mineralstoffen und Vitaminen, vor allem Jod und Vitamin B_{12}. Das ist besonders für Vegetarier interessant, da Vitamin B_{12} sonst nur in tierischen Lebensmitteln vorkommt. Alles in allem tun Sushi der Gesundheit und auch der Figur rundum gut.

Wie ißt man Sushi ?

Jeder bekommt zu den Sushi ein Schälchen mit Sojasauce gereicht. Dazu Wasabipaste, den scharfen grünen Meerrettich, von dem man sich zum Würzen ein wenig in die Sojasauce rühren kann. Außerdem gehört eingelegter Ingwer dazu, der vor dem nächsten Sushi-Bissen den Gaumen neutralisiert und erfrischt. Denselben Effekt hat auch ein Schluck Miso-Suppe (Rezept vordere Umschlagklappe), grüner Tee oder Wasser.
Grundsätzlich wird das Sushi nach dem Dippen komplett in den Mund geschoben. Machen Sie nicht den Versuch, ein Stück abzubeißen, es wird ein heilloses Unterfangen werden. Nur Temaki sollten Sie bißweise genießen.
Bei Nigiri-, Hosomaki- und Uramaki-Sushi sowie bei Gunkan-Maki haben Sie die Wahl, ob Sie sie mit Stäbchen oder mit den Fingern essen wollen, denn beides ist auch in Japan üblich. Messer und Gabel sind dagegen unter Kennern tabu. Temaki ißt man immer mit den Fingern. Sashimi, Chirashi und gedämpfte Sushi traditionell mit Stäbchen; wenn es damit nicht klappen sollte, können Sie getrost zur Gabel greifen.

Welche Getränke passen zu Sushi ?

Stilgerecht trinkt man zum Essen grünen Tee. Er harmoniert mit seinem zarten Geschmack besonders gut zu Sushi, schwarzer Tee schmeckt zu herb. Klassischer Begleiter ist auch Sake, ein Reiswein, der in kleine Flaschen gefüllt, im Wasserbad erwärmt und aus winzigen Porzellanschalen getrunken wird. An heißen Tagen schlürft man Sake auch mal eisgekühlt. Gerne wird zum Sushi-Essen auch Bier getrunken, japanisches ebenso wie deutsches. Natürlich paßt auch Mineralwasser.

Die perfekte Sushi-Küche

Zutaten, auf die es ankommt

Sie finden diese typisch japanischen Zutaten in der Asienabteilung von gut sortierten Supermärkten, in den Lebensmittelabteilungen der Kaufhäuser und garantiert in Asienläden.

Im Bild (von links nach rechts):

Noriblätter: Aus getrocknetem und gepreßtem Seetang. Die grünen, papierdünnen Blätter umhüllen Maki- und Temaki-Sushi. Am besten kaufen Sie bereits geröstete.

Sushi-Reis: Dieser Spezial-Reis ist am besten für Sushi geeignet, da er nach dem Kochen klebt und sich deshalb besonders gut formen läßt. Als Ersatz können Sie notfalls auf Rundkornreis zurückgreifen. Nichtklebende Langkornsorten oder Parboiled-Reis sind für Sushi nicht geeignet.

Sesamsamen: Die hellen werden meist geröstet als aromatische Würze verwendet, die schwarzen Samen überwiegend als Garnitur.

Shiitake-Pilze: Auch unter dem chinesischen Namen Tongu-Pilze bekannt. Getrocknet sind sie würziger als frisch. Beim Einkauf auf fleischige Hüte achten. Die Pilze werden in einem Würzsud geköchelt. Für Füllungen oder als Belag.

Kombu: Seetangart, die getrocknet in dickeren Blättern in den Handel kommt. Für die Zubereitung von Sushi-Reis.

Kampyo: Getrockneter Kürbis in langen dünnen Streifen. Nach dem Einweichen wird er in würziger Flüssigkeit weichgeköchelt und als Füllung oder Belag verwendet.

Im Bild hinten (Seite 6, von links nach rechts):
Sake: Japanischer Reiswein. Nicht nur das Nationalgetränk, sondern auch wichtige Zutat.
Reisessig (Su): Wichtig zum Würzen von Sushi-Reis. Japanischer Reisessig ist sehr viel milder als unsere Essigsorten. Notfalls stark verdünnten Obstessig nehmen.
Mirin: Süßer Reiswein, mit dem nur gewürzt wird. Durch Amontillado-Sherry ersetzbar.
Sojasauce: Die japanische Universal-Würzsauce, salzig oder leicht süßlich. Für Sushi die dunkle, salzige verwenden.
Dashi: Fischbrühe, hier als Instantprodukt.
Im Bild vorne (Seite 6):
Wasabi: Extrascharfer grüner Meerrettich. Es gibt ihn bei uns als fertige Paste oder als Pulver, das noch mit Wasser angerührt werden muß.
Eingelegter Ingwer (Shoga): In Essigmarinade eingelegt, hält er sich gekühlt wochenlang frisch.

Typische Geräte

Das sind die wichtigsten Küchenutensilien für die Sushi-Zubereitung. Spezielles Handwerkszeug ist zwar nicht nötig, erleichtert jedoch die Arbeit. Alternativen dazu lassen sich in jedem Haushalt finden. Wer mit den typischen Geräten hantieren möchte, wird in Japanläden fündig.

Im Bild (von unten nach oben):
Arbeitsbrett: Wählen Sie ein großes und stabiles.
Holzspatel: Mit ihm läßt sich die Essig-Mischung gut in den Reis einarbeiten.
Küchenmesser: Sollten extrem scharf sein. Mit langer dünner Klinge läßt sich Fisch exakt schneiden, mit breiterer Klinge Gemüse und andere Zutaten.
Kochstäbchen: Zum Umrühren von Zutaten (ersatzweise Löffel oder Gabel nehmen).
Pinzette: Zum Entfernen störender Fischgräten.
Holzschüssel (Hangiri): Ist praktisch, weil sie die überschüssige Feuchtigkeit vom Reis aufnimmt. Stattdessen tut es auch eine hölzerne, unlackierte Salat- oder eine Steingutschüssel.
Fächer: Damit kühlen Sie den Reis schneller ab.
Bambus-Rollmatte (Makisu): Mit ihr lassen sich Sushirollen auf ideale Weise formen.
Bambuskörbchen: Die stapelbaren sind bestens geeignet zum Dämpfen von Mushi-Sushi.

MAKI-SUSHI

Rollenspiele auf japanisch

Kulinarisch begeistern sie als raffinierte Leckerbissen, optisch durch ihre schlichte Schönheit. Bei Maki-Sushi wird Entdeckerfreude geweckt, so viele unterschiedliche und gleichsam delikate Füllungen machen einfach neugierig auf mehr.

Nippons »Küchen-Rolle«

Ein altes japanisches Sprichwort besagt, daß man 75 Tage länger lebt, wenn man das Glück hat, etwas zu essen, was man vorher noch nie gegessen hat. Dieses Glück können Sie bei Maki-Sushi finden, denn es gibt sie in unzähligen Varianten. Typisch für Maki-Sushi sind die Noriblätter, das ist getrockneter und gepreßter Seetang. Der Klebreis wird mit Hilfe einer biegsamen Bambusmatte in die Noriblätter eingerollt und umschließt dabei eine würzige Füllung. Zutaten für das geschmacksbestimmende Herzstück können Fisch, Kaviar, Meeresfrüchte, Omelett, Gemüse, Pilze, Salatblätter und Kräuter sein. Die fertigen Sushirollen schneidet man in handliche Stücke. Dabei variieren Formen und Größen der Rollen, dementsprechend sind auch die einzelnen Bissen mal kleiner, mal größer.

Von Hoso- bis Futo-Maki

Sushi, die aus einem halben Noriblatt zubereitet werden, heißen Hosomaki (dünne Sushirollen), solche aus einem ganzen Noriblatt Futo-Maki (dicke Sushirollen). Ura-Maki sind die interessanten »Inside-out-Rolls«, bei denen die Reihenfolge von Reis und Noriblatt umgekehrt angeordnet ist, also das Noriblatt innen und Reis außen. Gunkan-Maki (sinngemäß etwa »Sushi in Form eines Schlachtschiffs«) haben immer eine Füllung mit weicher Konsistenz. Damit diese nicht abrutscht oder wegfließt, wird ein Reisklößchen mit einem Noriblattstreifen so umlegt, daß der Streifen über den Reis hinausragt. Dadurch entsteht Platz für die Füllung und gleichzeitig ein stabiler »Wall«, der sie umschließt.

Ganz nach eigenem Gusto

Beim Sushi-Essen gibt es keine festgelegten Regeln, in welcher Folge die verschiedenen Sushi verzehrt werden sollen. Hier gilt einzig und allein das Lustprinzip. Haben Sie verschiedene Sushi-Arten zubereitet, etwa eine Auswahl aus Maki- und Nigiri-Sushi, sollten Sie die Maki-Sushi zuerst essen, weil die knusprigen Noriblätter durch die Feuchtigkeit von Reis und Füllung schnell weich und dann lasch werden.

Tips und Tricks zum Rollen und Formen

• Wenn Sie keine Bambusmatte zum Rollen haben, können Sie sich mit extrastarker Alufolie behelfen. Diese gut mit Essig-Wasser anfeuchten.

• Gerade bei der Zubereitung von Maki-Sushi sollten Sie Finger und Handflächen oft mit der Essig-Wasser-Mischung befeuchten, denn sonst macht der Klebreis seinem Namen alle Ehre.

• Der Reis sollte unbedingt Zimmertemperatur haben. Bei zu warmem Reis wellen sich die Noriblätter, und kalter Reis klebt nicht gut.

• Anstatt mit den Händen können Sie den Sushi-Reis auch mit einem Löffel auf das Noriblatt streichen. Den Löffel vorher und beim Aufstreichen immer wieder mal in das Essig-Wasser tauchen. Beim Aufstreichen vorsichtig vorgehen, damit der Reis nicht zerdrückt wird.

• Anfänger können die Wasabipaste statt auf den Reis auch auf das Noriblatt streichen. Wenn Kinder mitessen, kann die scharfe grüne Meerrettichpaste auch weggelassen werden.

• Falls Sie öfter Sushi selbermachen, lohnt es sich, für Füllungen mit gewürztem Kürbis oder marinierten Shiitake-Pilzen gleich größere Mengen von beiden Zutaten vorzubereiten. In einem Schraubverschlußglas halten sie sich im Kühlschrank mehrere Wochen.

• Für Maki-Sushi können Sie gut Reste verwenden, die beim Zubereiten von Nigiri-Sushi übriggeblieben sind, etwa Abschnitte von Fischfilet oder Omelettstreifen.

• Um die Optik abwechslungsreicher zu machen, können Sie die Sushirollen beim zweiten und dritten Schnitt auch schräg in Stücke schneiden.

Multi-Kulti-Mix — für noch mehr Genuß

Die folgenden Rezepte haben meist klassisch japanische Füllungen. Die California-Roll (Seite 22) mit Avocado und Surimi oder Garnelen dagegen ist eine amerikanische Sushi-Variante. Die geglückte Mischung von nationalen Küchen bringt beim Essen viel Spaß und Genuß. Lassen Sie also Ihrer Kreativität freien Lauf und stellen Sie unbekümmert auch neue Füllungen nach Ihrem Geschmack zusammen.

Kleine Sushi-Mengenlehre

Als Snack oder Vorspeise rechnet man pro Person eine Sushirolle, die je nach Dicke und Füllung in vier bis sechs Stücke geschnitten wird. Gunkan-Maki werden pro Portion jeweils paarweise serviert. Zum Sattessen können Sie — je nach Appetit — die zwei- bis dreifache Menge kalkulieren, falls Sie nicht noch andere Sushi-Arten wie Nigiri- oder Temaki-Sushi mitservieren wollen.

Hosomaki-Sushi mit Möhre und Gurke

Preiswert • Im Bild links

Zutaten für 24 Stück
1 große Möhre • 1 Stück Gurke oder Zucchini (etwa 10 cm lang) • 3 Eßl. Sake (japanischer Reiswein) • $^1/_2$ Teel. Zucker • $^1/_4$ Teel. Salz • 2 geröstete Noriblätter • 400 g vorbereiteter Sushi-Reis (Rezept Seite 74) • 1 Teel. Wasabipaste
Zum Dippen und Dazuessen: Sojasauce • Wasabipaste • eingelegter Ingwer

Zeit: 30 Minuten
25 kcal pro Stück

Die Möhre schälen, längs in $^1/_2$ cm dicke Scheiben, dann in $^1/_2$ cm dicke Stifte schneiden. Gurke oder Zucchini waschen, abtrocknen. Die Schale in einem Stück mit Fruchtfleisch $^1/_2$ cm dick abschneiden, Schale dann in $^1/_2$ cm breite Streifen schneiden.

In einer Pfanne Sake, 2 Eßlöffel Wasser, Zucker und Salz aufkochen. Die Möhrenstreifen hineingeben und zugedeckt 1 Minute köcheln lassen. Vom Herd nehmen, die Gurken- oder Zucchinistreifen zu den Möhren geben, das Gemüse im Sud abkühlen lassen. Herausheben und trockentupfen.

Die Noriblätter jeweils quer halbieren. Aus den vorbereiteten Zutaten, dem vorbereiteten Reis und der Wasabipaste mit Hilfe einer Rollmatte Maki-Sushi zubereiten (siehe Seite 76). Die 4 Sushirollen in je 6 Stücke schneiden und anrichten.

Hosomaki-Sushi mit Kürbis

Vegetarisch • Im Bild rechts

Zutaten für 16 Stück
10 g getrockneter Kürbis • 1 Teel. Salz • 150 ml Dashi-Fischbrühe (Instant) oder Wasser • 2 Teel. Zucker • 2 Eßl. Sojasauce • 1 Eßl. Mirin (japanischer Kochwein) • 2 geröstete Noriblätter • 400 g vorbereiteter Sushi-Reis (Rezept Seite 74)
Zum Dippen und Dazuessen: Sojasauce • Wasabipaste • eingelegter Ingwer

Zeit: 1 Stunde (+ 20 Minuten Einweichzeit)
30 kcal pro Stück

Den Kürbis kurz abspülen. Mit dem Salz zwischen den Händen reiben, bis er weicher ist, abspülen. Kürbis in warmem Wasser mindestens 20 Minuten einweichen. Das Wasser abgießen, den Kürbis mit frischem Wasser bedecken, aufkochen und 10 Minuten köcheln lassen, dann abgießen.

Kürbis mit Dashi-Fischbrühe oder Wasser in einen Topf geben. Zucker, Sojasauce und Mirin hinzufügen.
Bei schwacher Hitze ohne Deckel so lange köcheln lassen, bis fast keine Flüssigkeit mehr vorhanden ist. Den Kürbis abkühlen lassen und trockentupfen.

Die Noriblätter jeweils quer in zwei Hälften schneiden. Aus dem vorbereiteten Kürbis und dem vorbereiteten Reis mit Hilfe einer Rollmatte Maki-Sushi zubereiten (siehe Seite 76). Die 4 Sushirollen in je 4 gleichmäßig große Stücke schneiden.

Hosomaki-Sushi mit Shiitake-Pilzen

Raffiniert • Im Bild vorne

Zutaten für 16 Stück
4 getrocknete große Shiitake-Pilze (4 – 6 g) • 1 Eßl. Zucker • 3 Eßl. Sojasauce • 2 Eßl. Mirin (japanischer Kochwein) • 1 Frühlingszwiebel • 2 geröstete Noriblätter • 400 g vorbereiteter Sushi-Reis (Rezept Seite 74) • 1 Teel. Wasabipaste
Zum Dippen und Dazuessen: Sojasauce • Wasabipaste • eingelegter Ingwer

Zeit: 30 Minuten (+ 20 Minuten Einweichzeit)
35 kcal pro Stück

Die getrockneten Pilze mit 150 ml kochendem Wasser übergießen und 20 Minuten einweichen. Danach in ein feines Sieb gießen, dabei das Einweichwasser auffangen. Pilze gründlich abspülen und die harten Stiele entfernen.

Pilz-Einweichwasser, Zucker, Sojasauce und Mirin aufkochen lassen. Pilze in diesem Sud 10 Minuten unter gelegentlichem Rühren köcheln lassen. In ein Sieb gießen und abtropfen lassen. Die Pilzhüte in Streifen schneiden.

Die Frühlingszwiebel waschen, putzen, trockentupfen und in feine Ringe schneiden. Die Noriblätter jeweils quer halbieren. Aus den vorbereiteten Zutaten, dem vorbereiteten Reis und der Wasabipaste mit Hilfe einer Rollmatte Maki-Sushi zubereiten (siehe Seite 76). Die 4 Sushirollen in je 4 gleichmäßig große Stücke schneiden und mit der Schnittfläche nach oben anrichten.

Hosomaki-Sushi mit Gurke und Sesam

Gelingt leicht • Im Bild hinten

Zutaten für 24 Stück
4 Teel. Sesamsamen • 1 Stück Gärtner- oder Salatgurke (etwa 10 cm lang) • 2 geröstete Noriblätter • 400 g vorbereiteter Sushi-Reis (Rezept Seite 74) • 1 Teel. Wasabipaste
Zum Dippen und Dazuessen: Sojasauce • Wasabipaste • eingelegter Ingwer

Zeit: 25 Minuten
20 kcal pro Stück

Die Sesamsamen in einer kleinen Pfanne ohne Fett bei mittlerer Hitze unter Rühren goldbraun rösten. Aus der Pfanne nehmen, beiseite stellen und abkühlen lassen.

Das Gurkenstück waschen und abtrocknen. Die Schale mit einem langen Messer zuerst in einem Stück mit Fruchtfleisch etwa $^1/_2$ cm dick abschneiden, dann in $^1/_2$ cm breite Streifen schneiden.

Die Noriblätter jeweils quer in zwei Hälften schneiden. Aus den vorbereiteten Zutaten, dem vorbereiteten Reis und der Wasabipaste mit Hilfe einer Rollmatte Maki-Sushi zubereiten (siehe Seite 76). Die 4 Sushirollen in je 6 gleichmäßig große Stücke schneiden und mit der Schnittfläche nach oben anrichten.

Hosomaki-Sushi mit Lachs und Avocado

Gelingt leicht • Im Bild links

Zutaten für 24 Stück
1 Bund Schnittlauch • $^{1}/_{4}$ reife Avocado •
1 Teel. Zitronensaft • 125 g ganz frisches Lachsfilet ohne Haut (am besten Bio-Lachs) • 2 geröstete Noriblätter • 400 g vorbereiteter Sushi-Reis (Rezept Seite 74) • 1 Teel. Wasabipaste
Zum Dippen und Dazuessen: Sojasauce • Wasabipaste • eingelegter Ingwer

Zeit: 25 Minuten
65 kcal pro Stück

Den Schnittlauch waschen, trockentupfen. Die Halme ganz lassen. Avocadoviertel schälen und längs in 8 Streifen schneiden. Streifen sofort mit Zitronensaft beträufeln, damit sie sich nicht braun verfärben. Das Lachsfilet trockentupfen, ebenfalls längs in $^{1}/_{2}$ cm breite Streifen schneiden. Die Noriblätter jeweils quer in zwei Hälften schneiden.

Aus den vorbereiteten Zutaten, dem vorbereiteten Reis und der Wasabipaste mit Hilfe einer Rollmatte Maki-Sushi zubereiten (siehe Seite 76). Die 4 Sushirollen in je 6 gleichmäßig große Stücke schneiden. Mit der Schnittfläche nach oben anrichten.

Hosomaki-Sushi mit knusprigem Lachs

Raffiniert • Im Bild rechts

Zutaten für 16 Stück
8 kleine Salatblätter • 1 Stück Gärtner- oder Salatgurke (etwa 10 cm lang) • 300 g ganz frisches Lachsfilet mit Haut (am besten Bio-Lachs) • 1 Eßl. Kartoffelmehl • 3 Eßl. Öl • 2 geröstete Noriblätter • 400 g vorbereiteter Sushi-Reis (Rezept Seite 74) •
1 Teel. Wasabipaste
Zum Dippen und Dazuessen: Sojasauce • Wasabipaste • eingelegter Ingwer

Zeit: 35 Minuten
81 kcal pro Stück

Den Salat waschen und trockentupfen. Gurke waschen und abtrocknen. Die Schale in einem Stück mit Fruchtfleisch $^{1}/_{2}$ cm dick abschneiden, Schale dann in $^{1}/_{2}$ cm breite Streifen schneiden.

Lachs trockentupfen, mit Kartoffelmehl bestäuben. Im heißen Öl bei mittlerer bis starker Hitze auf der Hautseite 2 Minuten knusprig braten, umdrehen und 1 Minute braten. Herausnehmen, das Fett abtupfen. Lachs längs in Streifen schneiden. Noriblätter jeweils quer halbieren.

Aus den vorbereiteten Zutaten, dem vorbereiteten Reis und der Wasabipaste mit Hilfe einer Rollmatte Maki-Sushi zubereiten (siehe Seite 76). Dabei die Zutaten auf der schmalen Seite des Noriblattes auflegen, Salat und Gurke an den Enden jeweils etwas über das Noriblatt hinausragen lassen. Die Sushirollen in je 4 Stücke schneiden.

Hosomaki-Sushi mit gehacktem Thunfisch

Gelingt leicht • Im Bild vorne

Zutaten für 24 Stück
1 Frühlingszwiebel oder 40 g junger Lauch • 125 g ganz frisches Thunfischfilet • 2 geröstete Noriblätter • 400 g vorbereiteter Sushi-Reis (Rezept seite 74) • 1 Teel. Wasabipaste
Zum Dippen und Dazuessen: Sojasauce • Wasabipaste • eingelegter Ingwer

Zeit: 30 Minuten
30 kcal pro Stück

Die Frühlingszwiebel oder den Lauch waschen, putzen, trockentupfen und kleinschneiden. Das Thunfischfilet trockentupfen und würfeln. Frühlingszwiebel oder Lauch und Thunfischwürfel zusammen auf einem Kunststoffbrett mit einem scharfen Messer fein hacken. Die Noriblätter jeweils quer in zwei Hälften schneiden.

Aus den vorbereiteten Zutaten, dem vorbereiteten Reis und der Wasabipaste mit Hilfe einer Rollmatte Maki-Sushi zubereiten (siehe Seite 76). Die 4 Sushirollen in je 6 gleichmäßig große Stücke schneiden. Mit der Schnittfläche nach oben anrichten.

Hosomaki-Sushi mit mariniertem Thunfisch

Würzig • Im Bild hinten

Zutaten für 24 Stück
125 g ganz frisches Thunfischfilet • 2 Teel. fettarme Mayonnaise • 1 Teel. Sesamöl • 1 Teel. Reisessig • $^1/_4$ Teel. Shichimi togarashi (scharfe Würzmischung) • 2 geröstete Noriblätter • 400 g vorbereiteter Sushi-Reis (Rezept Seite 74)
Zum Garnieren: Shichimi togarashi • feingehackte Frühlingszwiebel oder Schnittlauchröllchen
Zum Dippen und Dazuessen: Sojasauce • Wasabipaste • eingelegter Ingwer

Zeit: 30 Minuten
30 kcal pro Stück

Das Fischfilet trockentupfen und in knapp 1 cm breite Streifen schneiden. Mayonnaise, Sesamöl, Reisessig und die Würzmischung in einer flachen Schale verrühren, die Thunfischstreifen darin wenden und zugedeckt 5 Minuten marinieren. Inzwischen die Noriblätter jeweils quer halbieren.

Aus dem marinierten Thunfisch und dem vorbereiteten Reis mit Hilfe einer Rollmatte Maki-Sushi zubereiten (siehe Seite 76). Die 4 Sushirollen in je 6 gleichmäßig große Stücke schneiden. Mit der Schnittfläche nach oben anrichten. Nach Belieben mit etwas Würzmischung und feingehackter Frühlingszwiebel oder Schnittlauchröllchen bestreuen.

Futo-Maki mit Garnelen, Omelett und Pilzen

Etwas aufwendiger • Für Gäste

Zutaten für 8 – 12 Stück
4 getrocknete große Shiitake-Pilze (4 – 6 g) • 1 Eßl. Zucker • 3 Eßl. Sojasauce • 4 Eßl. Mirin (japanischer Kochwein) • Salz • 100 g Blattspinat • 4 gegarte und geschälte Garnelen (je 20 g) • 1 Stück Gärtner- oder Salatgurke (etwa 5 cm lang) • 4 Kürbisstreifen (vorbereitet, siehe Zubereitung Seite 12) • 80 g Omelett (siehe Zubereitung Seite 42 und Tip auf dieser Seite) • 3 geröstete Noriblätter • 250 g vorbereiteter Sushi-Reis (Rezept Seite 74)
Zum Dippen und Dazuessen: Sojasauce • Wasabipaste • eingelegter Ingwer

Zeit: 50 Minuten (+ 20 Minuten Einweichzeit)
Bei 12 Stück 50 kcal pro Stück

Die getrockneten Pilze in 150 ml heißem Wasser 20 Minuten einweichen. Danach in ein Sieb gießen, dabei das Einweichwasser auffangen. Pilze gründlich abspülen und die harten Stiele entfernen.

Pilz-Einweichwasser, Zucker, Sojasauce und 2 Eßlöffel Mirin aufkochen. Pilze in diesem Sud 10 Minuten köcheln lassen. In ein Sieb gießen und abtropfen lassen.

Während die Pilze köcheln, Salzwasser aufkochen. Den Spinat waschen, putzen und für 30 Sekunden in das kochende Salzwasser geben. Abgießen, eiskalt abschrecken und abtropfen lassen. Den Spinat anschließend gut ausdrücken und wieder auflockern.

Die Garnelen längs halbieren, im übrigen Mirin wenden. Das Gurkenstück waschen, abtrocknen und die Schale mit einem langen Messer in einem Stück mit Fruchtfleisch 1 cm dick abschneiden. Schale dann in knapp 1 cm breite Streifen schneiden. Die marinierten Shiitake-Pilze in Streifen schneiden. Die vorbereiteten Kürbisstreifen trockentupfen. Das vorbereitete Omelettstück längs in etwa 1 cm dicke Streifen schneiden.

Mit Hilfe einer Rollmatte große Maki-Sushi zubereiten (siehe Seite 76). Dazu ein ganzes Noriblatt auf die Rollmatte legen. Mit angefeuchteten Händen die Hälfte des vorbereiteten Sushi-Reis darauf verteilen, an allen Seiten jeweils einen Rand lassen. Ein zweites Noriblatt quer halbieren. Noriblatthälfte so auf den Reis legen, daß sie mit der Unterkante des anderen Blattes abschließt. Noriblatthälfte andrücken. Jeweils die Hälfte der vorbereiteten Zutaten quer darauf legen. Alles zu einer dicken Rolle formen. Aus den restlichen Zutaten eine zweite Rolle zubereiten. Die beiden Sushirollen jeweils in 4 bis 6 Stücke schneiden.

Tip

Am besten kombinieren Sie dieses Rezept mit »Nigiri-Sushi mit Omelett« (Seite 42), dann können Sie die kleine Menge von 80 g Omelett davon abzweigen. Das Omelett läßt sich auch durch 1 cm dicke, blanchierte Stifte einer großen Möhre ersetzen.

Ura-Maki-Sushi: California-Roll

Raffiniert • Für Geübte

Zutaten für 24 Stück
3 Eßl. Sesamsamen • 4 Surimistäbchen (etwa 60 g) • 1 Stück Gärtner- oder Salatgurke (etwa 10 cm lang) • 1/4 reife Avocado • 1 Teel. Zitronensaft • 2 geröstete Noriblätter • 240 g vorbereiteter Sushi-Reis (Rezept Seite 74) • 1 Eßl. fettarme Mayonnaise
Zum Dippen und Dazuessen: Sojasauce • Wasabipaste • eingelegter Ingwer

Zeit: 30 Minuten
20 kcal pro Stück

Die Sesamsamen in einer kleinen Pfanne ohne Fett bei mittlerer Hitze unter Rühren goldbraun rösten. Aus der Pfanne nehmen, beiseite stellen und abkühlen lassen.

Die Surimistäbchen trockentupfen und längs halbieren. Das Gurkenstück waschen, abtrocknen und mit einem langen Messer die Schale in einem Stück mit Fruchtfleisch 1/2 cm dick abschneiden. Dann in 1/2 cm breite Streifen schneiden. Das Avocadoviertel schälen, längs in Streifen schneiden und sofort mit Zitronensaft beträufeln, damit sich das Fruchtfleisch nicht braun verfärbt.

Die Bambus-Rollmatte mit Frischhaltefolie umwickeln. Ein Noriblatt mit der glatten Seite darauf legen. Mit angefeuchteten Händen die Hälfte des Sushi-Reis auf dem Noriblatt verteilen, dabei an den Längsseiten, also oben und unten, einen Rand lassen. Das Blatt behutsam umdrehen, so daß der Reis jetzt unten und das Noriblatt oben liegt (siehe Seite 77).

Auf das untere Drittel des Noriblattes längs einen dünnen Strich Mayonnaise spritzen oder streichen. Darauf die Hälfte der Surimistäbchen, Gurken- und Avocadostreifen legen. Reis, Noriblatt und Füllung mit Hilfe der Rollmatte aufrollen. Auf diese Weise aus den übrigen Zutaten eine zweite Rolle formen.

Die Sushirollen jeweils in 6 gleichmäßig große Stücke schneiden. Jedes Stück mit einer Seite in den gerösteten Sesam tauchen.

Variante

Ura-Maki-Sushi mit Lachs

Für die Füllung eine große Möhre putzen, in fingerdicke Streifen schneiden und blanchieren. 100 g Blattspinat in Salzwasser blanchieren, kalt abschrecken und gut ausdrücken. 100 g ganz frisches Lachsfilet in fingerdicke Streifen schneiden und in etwas Mirin marinieren. Wie im Rezept beschrieben zubereiten.

Gunkan-Maki mit Shrimps

Für Gäste • Im Bild links

Zutaten für 8 Stück
150 g Shrimps • 1 Eßl. fettarme Mayonnaise • 2 Teel. Mirin (japanischer Kochwein) • 2 Teel. Zitronensaft • 2 Bund Schnittlauch • 2 geröstete Noriblätter • 240 g vorbereiteter Sushi-Reis (Rezept Seite 74) • 1 Teel. Wasabipaste
Zum Dippen und Dazuessen: Sojasauce • Wasabipaste • eingelegter Ingwer

Zeit: 20 Minuten
65 kcal pro Stück

Die Shrimps trockentupfen und grob hacken. Mit Mayonnaise, Mirin und Zitronensaft vermischen. Den Schnittlauch waschen, trockenschütteln und in 6–7 cm lange Halme schneiden. Von den Noriblättern eventuell fransige Seiten glattschneiden. Die Noriblätter längs in 8 etwa 3 cm breite und 15 cm lange Streifen schneiden.

Mit angefeuchteten Händen aus dem Sushi-Reis 8 ovale Klößchen formen. Um jedes Reisklößchen einen Noriblattstreifen mit der glatten Seite nach außen wickeln (siehe Seite 76). Das Blattende mit ein oder zwei Reiskörnern festkleben.

Den Reis im Noriblatt behutsam etwas herunterdrücken. Drei Viertel der Shrimps gleichmäßig auf dem Reis verteilen. Darauf je 6 bis 7 Schnittlauchhalme legen. Die restlichen Shrimps obenauf setzen. Aus der Wasabipaste 8 kleine Perlen formen, die Sushi damit garnieren.

Gunkan-Maki mit Lachskaviar

Klassiker • Im Bild rechts

Zutaten für 8 Stück
2 geröstete Noriblätter • 240 g vorbereiteter Sushi-Reis (Rezept Seite 74) • 80 g Lachskaviar (oder Forellenkaviar) • 4 schräggeschnittene, hauchdünne Scheiben Gurke • 1 Teel. Wasabipaste
Zum Dippen und Dazuessen: Sojasauce • Wasabipaste • eingelegter Ingwer

Zeit: 20 Minuten
45 kcal pro Stück

Von den Noriblättern eventuell fransige Seiten glattschneiden. Die Noriblätter längs in 8 etwa 3 cm breite und 15 cm lange Streifen schneiden.

Mit angefeuchteten Händen aus dem vorbereiteten Sushi-Reis 8 ovale Klößchen formen. Um jedes Reisklößchen einen Noriblattstreifen mit der glatten Seite nach außen wickeln (siehe Seite 76). Das Blattende mit ein oder zwei Reiskörnern festkleben.

Den Reis im Noriblatt behutsam etwas herunterdrücken und den Kaviar gleichmäßig darauf verteilen.

Die Gurkenscheiben halbieren und von der Schalenseite her fächerförmig einschneiden. Als Garnitur zwischen Reis und Kaviar stecken. Aus der Wasabipaste 8 kleine Perlen formen, die Sushi damit garnieren.

NIGIRI-SUSHI

Kulinarische Kleinkunst

Einfach faszinierend, wie ein japanischer Sushi-Meister hinter dem Bar-Tresen mit schnellen und unglaublich eleganten Bewegungen Nigiri-Sushi formt. Nur Mut! Mit etwas Ausdauer und Übung wird jeder zumindest die Weihen des Sushi-Amateurs erlangen.

Die Urform der Sushi

Schon seit etlichen Jahrhunderten werden Sushi in der japanischen Literatur erwähnt. Allerdings bezeichnete man mit Sushi damals nur Fische und Muscheln, die gepökelt wurden, um sie haltbar zu machen. Im Laufe der Zeit kam der Reis dazu, der den Fisch wohlschmeckender machte. Im 19. Jahrhundert tauchte der Prototyp der heutigen Nigiri-Sushi auf: Fahrende Händler legten ein Scheibchen rohen Fisch auf ein fingerlanges, leicht mit Essig gesäuertes Reisklößchen und boten das Häppchen als schlichten und preiswerten Imbiß am Straßenrand an. Sushi wurden in Kästchen verpackt und mit nach Hause genommen. Doch die Zeiten haben sich geändert, Sushi gehören auch in Japan nicht mehr zur Alltagsküche, sie sind, weil inzwischen edler und teurer geworden, etwas für besondere Anlässe.

Die Vielfalt

Ob in Japan oder auch außerhalb des Landes, wenn von »Sushi« gesprochen wird, sind meist Nigiri-Sushi gemeint. Es gibt jedoch auf den japanischen Inseln aus allen Regionen eine Fülle von Variationen. Davon wird bei uns in den Sushi-Bars bis heute nur ein kleiner Teil angeboten. Hierzulande sind die populärsten und zugleich beliebtesten Sushi-Versionen die handgeformten Nigiri-Sushi.
Als Vorspeise oder Snack rechnet man 2 Stück pro Person, zum Sattessen zwischen 8 und 10.

Genuß fängt beim Fischkauf an

Für die Sushi-Zubereitung braucht man im allgemeinen nur wenige Zutaten, die aber müssen absolut frisch und von allerbester Qualität sein. Das gilt ganz besonders, wenn Sie für einen Belag oder eine Füllung rohes Fischfilet verwenden. Sagen Sie Ihrem Fischhändler unbedingt, daß Sie den Fisch roh essen wollen und verwenden Sie den Begriff »Filet in Sushi-Qualität«.
Ganz frisches Fischfilet hat festes Fleisch, das auf Fingerdruck elastisch nachgibt. Die Anschnitte sind glatt und haben einen perlmuttartigen Glanz. Keinesfalls dürfen sie rissig oder gelblich sein. Und: Wirklich frisches Filet riecht

niemals intensiv nach Fisch, sondern duftet allenfalls appetitlich ein wenig nach Meer. Kaufen Sie das Fischfilet am besten immer erst am Tag des Sushi-Essens. In Ausnahmefällen, etwa fürs Wochenende, können Sie es einen Tag in Frischhaltefolie verpackt im Kühlschrank aufbewahren. Falls Sie Tiefkühlware verwenden: Fisch oder Meeresfrüchte aus der Packung nehmen, in einen Teller legen und abgedeckt im Kühlschrank auftauen lassen. Danach kurz abspülen und gut trockentupfen.

Tips & Tricks zur Zubereitung

Nigiri-Sushi sind theoretisch gesehen die einfachste Sushi-Version. Praktisch sieht das allerdings etwas anders aus: Ein japanischer Sushi-Koch muß jahrelang lernen, bevor er diese Spezialität meisterhaft servieren kann. Aber keine Sorge, mit etwas Übung wird jeder attraktive Exemplare auftischen können. Wie die Sushi geformt werden, ist auf der hinteren Umschlagklappe Schritt für Schritt beschrieben. Sie sollten darauf achten, daß ein roher Fischbelag während des Formens nicht warm wird. Im Idealfall werden Sushi wenige Minuten nach der Fertigstellung gegessen. Das funktioniert in einer Sushi-Bar problemlos, ist aber zu Hause nicht immer machbar. Etwa bis zu 2 Stunden vor dem Essen können Sie Nigiri-Sushi vorbereiten. Die fertigen Sushi mit Frischhaltefolie abdecken und im Kühlschrank aufbewahren. Zum Essen sollten sie dann gerade Zimmertemperatur haben.

Anrichten & arrangieren

Das Anrichten der Sushi ist in Japan eine Kunst mit strengen Regeln. Wir können es daheim lockerer angehen. Dennoch sollten Sie wissen, daß man Nigiri-Sushi pro Person nur paarweise serviert. Und daß in der Auswahl möglichst viele Farben vorkommen sollen. Etwa »Rot« für rotfleischigen Thunfisch, »Weiß« für alle weißfleischigen Fische wie Wolfsbarsch oder Meerbrasse. »Blau« liefert die bläulich-schillernde Haut von Makrele und Sardine. Die Farbe »Orange« steht für Lachs und »Gelb« für Flußaal und Omelett.

Nigiri-Sushi essen

Wer mit Stäbchen routiniert umgeht, legt das Nigiri-Sushi zuerst auf die Seite und nimmt es dann so auf, daß der Belag bequem in die – nach Belieben wasabigewürzte – Sojasauce gedippt werden kann. Nicht die Reisseite in die Sauce tauchen, das macht den Reis bröselig. Auch keine Sojasauce über das Sushi träufeln. Wer Nigiri-Sushi lieber mit den Fingern ißt, legt am besten den Zeigefinger auf das hintere Ende des Belags und greift das Sushi mit Daumen und Mittelfinger. So läßt es sich leicht hochheben und mit dem Belag kurz in die Sojasauce dippen.

Nigiri-Sushi mit Thunfisch

Gelingt leicht • Klassiker

Zutaten für 8 Stück
150 g ganz frisches Thunfischfleisch (wahlweise »otoro«, »chutoro« oder »akami«, siehe Tip) • 2 Teel. Wasabipaste • 150 g vorbereiteter Sushi-Reis (Rezept Seite 74)
Zum Dippen und Dazuessen: Sojasauce • Wasabipaste • eingelegter Ingwer

Zeit: 25 Minuten
60 kcal pro Stück

Das Thunfischfleisch trockentupfen. Eventuell noch vorhandene Gräten mit einer Pinzette entfernen. Fransige Seiten glattschneiden. Das Fleisch quer zur Faser leicht schräg in 8 dünne und möglichst exakte Scheiben von etwa 3 x 5 cm schneiden.

Auf eine Seite der Fischscheiben mit der Fingerspitze etwas Wasabipaste streichen. Mit angefeuchteten Händen den Sushi-Reis zu 8 länglichen Klößchen formen. Aus den vorbereiteten Zutaten die Nigiri-Sushi formen wie auf Seite 75 beschrieben. Fertige Sushi möglichst gleich servieren.

Tip

Thunfisch (maguro) ist ein klassischer Sushi-Belag und der beliebteste dazu. Sushi-Einsteiger sind oft überrascht, wie wenig nach Fisch der Thunfisch schmeckt. Sein Geschmack erinnert mehr an mageres Rind- oder Kalbfleisch. Das hängt neben den zahlreichen Thunfischarten auch vom Teil des Fisches ab, aus dem der Belag geschnitten wurde. Neben dem Geschmack unterscheiden sich die Teile in der Farbe und im Preis. In Japan und in vielen europäischen Sushi-Bars kann man meist zwischen drei Thunfischteilen wählen. Besonders geschätzt wird »otoro«, das helle und fettreiche Fleisch vom Bauchstück. Für Insider heute die erste Wahl aller Thunfischstücke, dementsprechend teuer. Ebenfalls aus der Bauchgegend wird »chutoro« geschnitten, das Fleisch ist weniger fett und hat eine mittelrote Farbe. Dunkelrot und mager dagegen ist »akami«, der Thunfischteil, der rund um die Mittelgräte sitzt. Probieren Sie es aus, welcher Teil vom Thunfisch Ihnen am besten schmeckt.

Nigiri-Sushi mit Lachs

Für Gäste • Im Bild vorne

Zutaten für 8 Stück
150 g ganz frisches Lachsfilet • 2 Teel. Wasabipaste • 150 g vorbereiteter Sushi-Reis (Rezept Seite 74) • 2 Eßl. Lachskaviar
Zum Dippen und Dazuessen: Sojasauce • Wasabipaste • eingelegter Ingwer

Zeit: 25 Minuten
60 kcal pro Stück

Das Lachsfilet leicht schräg zur Faser in 8 hauchdünne und möglichst gleichmäßige Scheiben von etwa 3 x 5 cm schneiden. Das gelingt besonders gut, wenn das Filet leicht angefroren ist. Dazu den Fisch in Alufolie wickeln und für etwa 1 Stunde ins Gefrierfach legen.

Wenn der Lachs aufgetaut, aber noch kalt ist, eine Seite der Scheiben dünn mit Wasabipaste bestreichen. Den Sushi-Reis mit angefeuchteten Händen zu 8 länglichen Klößchen formen. Die Nigiri-Sushi fertigstellen, wie auf Seite 75 beschrieben. Mit Lachskaviar garnieren, anrichten und möglichst gleich servieren.

Tip
Kenner wählen irischen Wild- oder Bio-Lachs. Der Bio-Lachs wird artgerecht nach strengen ökologischen Richtlinien gezüchtet. Die Fische bekommen weder Futterzusatzstoffe, Hormone noch Medikamente, haben daher ein festes und unvergleichlich aromatisches Fleisch.

Nigiri-Sushi mit Garnelen

Etwas teurer • Im Bild hinten

Zutaten für 8 Stück
8 rohe ungeschälte Garnelenschwänze (je etwa 30 g; frisch oder tiefgekühlt) • Salz • 2 Eßl. Reisessig • 2 Eßl. Mirin (japanischer Kochwein) • 2 Teel. Wasabipaste • 150 g vorbereiteter Sushi-Reis (Rezept Seite 74)
Außerdem: 8 Schaschlik- oder Holzspieße
Zum Dippen und Dazuessen: Sojasauce • Wasabipaste • eingelegter Ingwer

Zeit: 30 Minuten
50 kcal pro Stück

Die frischen oder aufgetauten Garnelen von der Unterseite her auf einen Spieß stecken. In kochendem Salzwasser bei schwacher Hitze 3 – 4 Minuten garen. Herausheben und eiskalt abschrecken.

Spieße herausziehen. Garnelen aus der Schale brechen. Die Rücken mit einer Messerspitze längs einritzen, den dünnen dunklen Darm entfernen. Die Garnelen an der Bauchseite längs ein-, aber nicht durchschneiden, wie einen Schmetterling aufklappen.

Reisessig und Mirin vermischen. Die Garnelen darin 3 Minuten marinieren, herausheben und trockentupfen. Die Unterseiten hauchdünn mit Wasabipaste bestreichen.

Mit angefeuchteten Händen den Sushi-Reis zu 8 länglichen Klößchen formen. Nun aus den vorbereiteten Zutaten die Nigiri-Sushi formen, wie auf Seite 75 beschrieben.

Nigiri-Sushi mit Makrele

Würzig • Gelingt leicht

Zutaten für 8 Stück
1 ganz frisches Makrelenfilet mit Haut (etwa 150 g) • 2 Eßl. Salz • 50 ml Reisessig • 1 Eßl. Mirin (japanischer Kochwein) • 1 Teel. Zucker • 2 Teel. Wasabipaste • 150 g vorbereiteter Sushi-Reis (Rezept Seite 74) • 1 Frühlingszwiebel • 1 kleines Stück frischer Ingwer (etwa 30 g)
Zum Dippen und Dazuessen: Sojasauce • Wasabipaste • eingelegter Ingwer

Zeit: 25 Minuten (+ 5–6 Stunden Ruhezeit)
60 kcal pro Stück

Das Makrelenfilet waschen, trockentupfen und eventuell noch vorhandene Gräten mit einer Pinzette entfernen. Fransige Seiten glattschneiden. Das Filet rundherum mit Salz einreiben, in Klarsichtfolie wickeln und 4–5 Stunden im Kühlschrank ruhen lassen. Anschließend das Salz kurz unter fließendem kaltem Wasser abwaschen. Das Fischfilet trockentupfen.

Das Makrelenfilet in eine flache Schüssel legen. Reisessig, Mirin und Zucker kräftig verrühren, bis sich der Zucker aufgelöst hat. Das Filet mit der Marinade begießen und zugedeckt im Kühlschrank mindestens 30 Minuten, besser 1 Stunde ziehen lassen, dabei einmal wenden.

Das Filet aus der Marinade nehmen und trockentupfen. Die Haut ablösen, dazu am Schwanzende mit einem Messer etwas Fleisch und Haut voneinander lösen. Das Fleisch mit einer Hand festhalten und mit der anderen Hand die Haut abziehen. Das Makrelenfilet leicht schräg in 8 gleichmäßig große Scheiben scheiden.

Jeweils eine Seite der Filetscheiben mit einer Fingerspitze Wasabipaste bestreichen. Den Sushi-Reis zu 8 länglichen Klößchen formen. Nigiri-Sushi wie auf Seite 75 beschrieben fertigstellen.

Die Frühlingszwiebel waschen, putzen und in hauchfeine Ringe schneiden. Den Ingwer schälen und sehr fein reiben. Die Sushi mit Frühligszwiebel und Ingwer garniert servieren.

Variante

Nigiri-Sushi mit Sardinen

Nach diesem Rezept können Sie auch Sardinen-Sushi zubereiten. Dazu 1 ganz frisches Sardinenfilet mit Haut (etwa 150 g) oder 8 Portions-Filets wie das Makrelenfilet vorbereiten. Mit Salz einreiben, 15 Minuten ruhen lassen, abspülen und anschließend 30 Minuten marinieren. Im Gegensatz zu den Makrelen serviert man Sardinen-Sushi mit Haut. Die Haut mit einem scharfen Messer in parallel verlaufenden Linien wenige Millimeter tief einschneiden. Das sieht nicht nur sehr dekorativ aus, es macht auch den appetitlichen Farbkontrast zwischen der silbrig-glänzenden Haut der Sardine und ihrem Fleisch sichtbar.

Nigiri-Sushi mit Flußaal

Etwas aufwendiger • Raffiniert

Zutaten für 8 Stück
Für die Aalsauce: 60 ml Sojasauce • 100 ml Mirin (japanischer Kochwein) • 1 Eßl. Zucker • 1 Aalgräte • 1 frischer Flußaal (etwa 700 g, vom Fischhändler filetieren und häuten lassen, Gräte mitnehmen) • evtl. Öl zum Braten • 1 Eßl. Sesamsamen • 150 g vorbereiteter Sushi-Reis (Rezept Seite 74) • 2 Teel. Wasabipaste • 1 geröstetes Noriblatt • 8 lange Schaschlik- oder Holzspieße
Zum Dippen und Dazuessen: Sojasauce • Wasabipaste • eingelegter Ingwer

Zeit: $1^1/_2$ Stunden
235 kcal pro Stück

Für die Aalsauce in einem breiten Topf Sojasauce, Mirin und Zucker verrühren. Die Aalgräte waschen, trockentupfen, in Stücke schneiden und hinzufügen. Alles aufkochen und bei mittlerer bis schwacher Hitze ohne Deckel in etwa 45 Minuten unter gelegentlichem Rühren zu einer sämigen Sauce einköcheln lassen.

Inzwischen die Aalfilets waschen, trockentupfen und eventuell noch vorhandene Gräten entfernen. Die Filets je nach Länge in jeweils 4 etwa 12–15 cm lange Stücke schneiden. Diese auf Spieße stecken. Die Aalstücke entweder in einer Pfanne in heißem Öl auf jeder Seite knapp 2 Minuten braten oder nebeneinander auf Alufolie legen, unter den vorgeheizten Grill schieben und 5–6 Minuten garen, dabei mehrmals wenden. Anschließend die Spieße entfernen, die Aalstücke mit Küchenpapier entfetten.

Aalsauce durchsieben, 2 Eßlöffel davon abnehmen. Die Fischstücke auf Alufolie legen und von allen Seiten mehrmals mit der übrigen Sauce bepinseln.

Die Sesamsamen in einer Pfanne ohne Fett bei mittlerer Hitze goldbraun rösten. Das Noriblatt in 8 Streifen schneiden. Aus dem Sushi-Reis 8 längliche Klößchen formen, jeweils mit einer Fingerspitze Wasabipaste bestreichen.

Aalstücke und Reisklößchen wie auf Seite 75 beschrieben zu Nigiri-Sushi formen. Um jedes Sushi in der Mitte einen Noriblattstreifen legen, das Streifenende mit einem Reiskorn festkleben. Den Aal mit der übrigen Würzsauce dünn bepinseln, mit gerösteten Sesamsamen bestreuen.

Tips

- Die Aalgräte gibt der Sauce Geschmack und dickt sie gleichzeitig an. Falls Sie keine Gräte verwenden können, sollten Sie die Sauce mit ganz wenig Kartoffelmehl binden.
- Von der Aalsauce gleich eine größere Menge zubereiten, denn sie würzt zum Beispiel auch Tintenfisch-Sushi. Die Sauce hält sich in einem Schraubverschlußglas mehrere Wochen im Kühlschrank.

Nigiri-Sushi mit Tintenfisch

Gelingt leicht • Im Bild vorne

Zutaten für 8 Stück
150–200 g rohe, küchenfertige und ganz frische Tintenfischtuben (Körper von Sepia oder Kalmar) • 8 große, makellose Petersilienblätter • 2 Teel. Wasabipaste • 150 g vorbereiteter Sushi-Reis (Rezept Seite 74)
Zum Dippen und Dazuessen: Sojasauce • Wasabipaste • eingelegter Ingwer

Zeit: 30 Minuten
35 kcal pro Stück

Die beutelförmigen Tintenfischtuben an einer Seite aufschneiden, waschen, trockentupfen, flach ausbreiten und in 8 gleichmäßig große Stücke von etwa 3 x 5 cm schneiden. In jedes Stück mit einem scharfen Messer längs 3 etwa 2 mm tiefe Linien einschneiden.

Die Petersilienblätter waschen und trockentupfen.
Die glatte Seite der Tintenfischstücke mit einer Fingerspitze Wasabipaste bestreichen und mit einem Petersilienblatt belegen. Den Sushi-Reis zu 8 länglichen Klößchen formen. Aus den Tintenfischstücken und dem Reis wie auf Seite 75 beschrieben Nigiri-Sushi formen.

Tip

Wer Tintenfisch nicht roh essen mag, kann ihn auch garen. Dazu die aufgeschnittenen Tuben in Wasser 3 Minuten leicht köcheln lassen. Abgekühlt in Stücke schneiden.

Nigiri-Sushi mit Wolfsbarsch

Für Gäste • Im Bild hinten

Zutaten für 8 Stück
150 g ganz frisches Wolfsbarschfilet (Loup de mer) • 2 Teel. Wasabipaste • 150 g vorbereiteter Sushi-Reis (Rezept Seite 74) • 1/2–1 Bund Schnittlauch
Zum Dippen und Dazuessen: Sojasauce • Wasabipaste • eingelegter Ingwer

Zeit: 25 Minuten
40 kcal pro Stück

Das Wolfsbarschfilet trockentupfen. Eventuell noch vorhandene Gräten mit einer Pinzette entfernen. Fransige Seiten glattschneiden. Das Fleisch quer zur Faser leicht schräg in 8 dünne und möglichst exakte Scheiben von etwa 3 x 5 cm schneiden.

Auf eine Seite der Fischscheiben mit der Fingerspitze etwas Wasabipaste streichen. Mit angefeuchteten Händen den Sushi-Reis zu 8 länglichen Klößchen formen. Aus den vorbereiteten Zutaten die Nigiri-Sushi formen, wie auf Seite 75 beschrieben.

Den Schnittlauch waschen und trockentupfen. Die Sushi mit je 2 zarten Halmen garnieren und sofort servieren.

Tip

Statt mit Wolfsbarsch können Sie die Sushi auch mit anderen weißfleischigen Fischen wie Scholle, Forelle oder Bachsaibling zubereiten.

Gefüllte Tintenfisch-Sushi

Raffiniert • Für Gäste

Zutaten für 10–12 Stück
4 getrocknete Shiitake-Pilze • 1 mittelgroße Möhre • 1 Eßl. Zucker • 3 Eßl. Sojasauce • 2 Eßl. Mirin (japanischer Kochwein) • 10 g frischer Ingwer • 4 rohe küchenfertige Tintenfischtuben (Körper von Sepia oder Kalmar, 300 g, frisch oder tiefgekühlt) • 1 unbehandelte Limette • 125 g vorbereiteter Sushi-Reis (Rezept Seite 74)
Zum Dippen und Dazuessen: Sojasauce • Wasabipaste • eingelegter Ingwer

Zeit: 45 Minuten (+ 20 Minuten Einweichzeit)
Bei 12 Stück 40 kcal pro Stück

Die getrockneten Pilze mit 150 ml kochendem Wasser übergießen und 20 Minuten einweichen. In ein feines Sieb gießen, dabei das Einweichwasser auffangen. Die Pilze gründlich abspülen und die harten Stiele entfernen.

Die Möhre waschen, schälen und längs halbieren. In einem flachen Topf Pilz-Einweichwasser, Zucker, Sojasauce und Mirin aufkochen. Die Pilzhüte und die Möhrenhälften in den Sud legen und zugedeckt bei mittlerer Hitze 10–12 Minuten köcheln lassen, dabei gelegentlich wenden. Die Möhre muß gerade gar, sollte aber nicht zu weich sein.

Das Gemüse in ein Sieb gießen, dabei den Kochsud auffangen. Pilze und Möhre in kleine Würfel schneiden. Den Ingwer schälen und halbieren.

In einem Topf etwa 1 l Wasser aufkochen. Den Ingwer hinzufügen und 4 Minuten köcheln lassen. Die Tintenfischtuben in das Ingwerwasser geben und zugedeckt bei mittlerer Hitze etwa 3 Minuten garen, bis sie weich sind. Herausheben und abkühlen lassen. Innen und außen trockentupfen, eventuell häuten.

Die Limette heiß waschen und abtrocknen. Limette halbieren, eine Hälfte auspressen. Den Sushi-Reis mit Pilz- und Möhrenwürfelchen vermischen, mit 1 Eßlöffel Gemüse-Kochsud und etwas Limettensaft würzen. Die Tintenfischtuben mit dem Reis füllen und in 2–3 cm breite Stücke schneiden. Die Fischhülle kurz vor dem Servieren mit etwas Kochsud bepinseln.

Von der übrigen Limettenhälfte 3 dünne Scheiben abschneiden und vierteln. Sushi und Limettenviertel auf einer Platte dekorativ anrichten.

Tip

Die Tintenfischhüllen schmecken würziger, wenn Sie sie mit Aalsauce (Rezept Seite 36) bestreichen.

Nigiri-Sushi mit Omelett

Vegetarisch • Für Geübte

Zutaten für 8 Stück

Für das Omelett: 6 Eier • 75 ml Dashi-Fischbrühe (Instant) • 1 Teel. helle Sojasauce • 2 Eßl. Zucker • 1 Msp. Salz • 1 Eßl. Mirin (japanischer Kochwein) • Öl zum Braten

Außerdem: 1 geröstetes Noriblatt • 150 g vorbereiteter Sushi-Reis (Rezept Seite 74)

Zum Dippen und Dazuessen: Sojasauce • Wasabipaste • eingelegter Ingwer

Zeit: 50 Minuten
95 kcal pro Stück

Für das Omelett die Eier aufschlagen und in eine Schüssel geben. Kalte Dashi-Brühe, Sojasauce, Zucker, Salz und Mirin kräftig vermischen, bis sich Zucker und Salz aufgelöst haben. Die Mischung zu den Eiern gießen. Alles mit einem Schneebesen verrühren, aber nicht schaumig schlagen.

Aus der Eiermasse, wie auf der vorderen Umschlagklappe beschrieben, in einer geölten Pfanne ein etwa 2 cm dickes Omelett backen.

Das fertige Omelett auf Zimmertemperatur abkühlen lassen. Dann quer halbieren, so daß Sie 2 Hälften mit je etwa 1 cm Dicke erhalten. Diese in jeweils 4 gleich große, dekorative, rechtecktige Stücke schneiden.

Das Noriblatt in 8 etwa 2 cm breite Streifen schneiden. Den Sushi-Reis zu 8 länglichen Klößchen formen. Jedes Reisklößchen mit einer Scheibe Omelett belegen und behutsam andrücken. Nigiri-Sushi jeweils in der Mitte mit einem Noristreifen umwickeln. Das Streifenende mit einigen Reiskörnern festkleben.

Tip

Am besten gelingt das Omelett in einer rechteckigen Pfanne, die es in Japan-Läden zu kaufen gibt. Eine runde Pfanne tut es aber auch, sie sollte einen Durchmesser von 24–26 cm und einen geraden hohen Rand haben. Die Japaner benutzen zur Zubereitung des Omeletts lange Koch-Stäbchen. Nicht so Fingerfertige nehmen besser eine biegsame Palette. Mit ihr funktioniert das Omelettbacken ebensogut.

Variante

Nigiri-Sushi mit Shrimps-Omelett

Die Eiermasse mit Krabben verfeinern: Dazu 50 g Shrimps in 4 Eßlöffeln Reisessig 1 Stunde marinieren. Dann abgießen, trockentupfen und sehr fein hacken. Die Shrimps unter die Eiermasse rühren. Das Omelett wie im Rezept beschrieben zubereiten. Oder statt Shrimps 50 g fein püriertes Fischfilet unterrühren.

TEMAKI-SUSHI

Von der Hand in den Mund

Mit Temaki präsentiert sich eine weitere Sushi-Variante, diesmal in Tütenform. Für die Füllungen werden hier auch gegartes Fleisch und Geflügel verwendet, harmonisch abgerundet mit würzigen Saucen. Kleine und Große haben damit ihren Sushi-Spaß.

Biß für Biß ein Vergnügen

Es gibt nicht nur edle und teure Sushi. Temaki-Sushi beispielsweise sind eine alltäglichere Version von Maki-Sushi, die schnell und einfach zubereitet ist und auch mit preiswerteren Füllungen köstlich schmeckt. Die handgerollten Temaki gehören zu den modernen Erscheinungen des Sushi-Angebots. Ein Stück Noriblatt wird in die linke Handfläche genommen und mit Klebreis belegt, darauf verteilt man die Füllung. Dann wird das Ganze zu einer Tüte zusammengerollt. Sushi-Profis gelingt dieses einhändig in einer fließenden Bewegung — im wahrsten Sinne des Wortes mit links. Amateure nehmen am Anfang besser noch die rechte Hand zu Hilfe. Zum Essen die Sushi-Tüte einfach in die Hand nehmen und Stück für Stück abbeißen. Vor jedem Bissen die Tüte in die Sojasauce tauchen.

Füllungen ohne Ende

Temaki-Sushi können mit allem gefüllt werden, worauf man Lust hat. Fisch und Meeresfrüchte, Kaviar sowie Fleisch, Geflügel, Gemüse, Pilze, Kräuter und Sprossen lassen sich dafür beliebig variieren und ergänzen. Marinaden für Fisch und Fleisch wie auch würzige Saucen bringen noch mehr Geschmack ins Spiel. Im übrigen lassen sich sämtliche Füllungen für Maki-Sushi auch für Temaki-Sushi verwenden.

Statt Noriblätter mal Blattsalat nehmen

Als witzige Variante oder für den Fall, daß Sie mal keine Noriblätter im Hause haben: Wickeln Sie die Füllung in Salatblätter ein. Besonders gut dafür eignen sich makellose Blätter von Eisberg-, Endivien-, Batavia- und Kopfsalat, ebenso Blätter von Lollo rosso und Lollo bionda. Allerdings müssen Sie die »Salat-Tüten« im unteren Drittel umwickeln, damit die Füllung nicht herausfällt. Zum Umwickeln können Sie schmale Streifen von gewürztem Kürbis (Rezept Seite 12), von Noriblättern, blanchierten Möhren oder Lauch nehmen. Am besten, sie verknoten die Enden der Streifen nach dem Umwickeln, das ist nicht nur praktisch, sondern sieht auch sehr dekorativ aus. Die Sushi dann bald servieren.

Tips & Tricks zu Temaki-Sushi

• Falls Sie keine gerösteten Noriblätter bekommen sollten, können Sie sie selber rösten: Einfach vorsichtig über einer Gasflamme oder in einer trockenen Pfanne bei mittlerer Hitze anrösten, bis sie duften. Dabei werden die Blätter dunkelgrün und knusprig.

• Fein als Knabberei für zwischendurch: Übriggebliebene Noriblätter, wie oben beschrieben, in einer Pfanne rösten, in kleine Stücke zupfen und noch warm genießen.

• Wenn Sie die Temaki mit halbflüssigen oder weichen Zutaten füllen wollen, den unteren Teil der Noriblatt-Tüte mit Sushi-Reis füllen, dann erst die Zutaten obenauf legen.

• In Japan sind die frischen Sprossen des Daikon-Rettichs eine gängige Zutat für Temaki- und Maki-Sushi. Falls Sie hier in einem Asiengeschäft die frischen Sprossen entdecken, nehmen Sie sie unbedingt mit. Die Sprossen lassen sich auch im Blumentopf aus Samen von japanischem Rettich (Riesen-Sommer-Rettich) selber ziehen. Ihr scharf-würziger Geschmack, der entfernt an Brunnenkresse erinnert, paßt unter anderem gut zu allen Sushi mit Omelett.

• Ebenso sollten Sie bei frischen Shiso-Blättern zugreifen, die es manchmal abgepackt zu kaufen gibt. Sie werden vor allem mit weißfleischigem Fisch kombiniert, passen aber auch gut anstelle der Salatblätter zu »Temaki-Sushi mit Surimi und Avocado« (Seite 50).

• Kleine Temaki-Sushi sind ideal zum Aperitif, weil man sie ganz unkompliziert aus der Hand essen kann.

Einladung zur Sushi-Party

Temaki-Sushi sind in Japan so beliebt, daß man in vielen Bars eine Auswahl an Sushi-Zutaten bestellen kann, um sich damit selber Temaki zu füllen. Diese Idee läßt sich prima auch für zu Hause nutzen. Laden Sie zu einer Sushi-Party ein. Auf einem großen Tisch oder einem Buffet plazieren Sie alles, was dafür nötig ist: Reichlich Nori- und Salatblätter, Sushi-Reis und eine Palette von Zutaten für allerlei Füllungen. Dazu natürlich Wasabipaste und eingelegten Ingwer. Wichtig sind auch Schüsselchen mit Essig-Wasser zum Hände-Befeuchten. Alle Zutaten in diesem Buch sind für Füllungen geeignet. Jeder Gast kann sich individuell seine Füllungen zusammenstellen. Mit jeweils einem halben Noriblatt haben die Sushi etwa die Größe von Eiswaffel-Hörnchen. Mit einem viertel Noriblatt werden die Sushi kleiner, haben jedoch den großen Vorteil, daß man mehr unterschiedliche Füllungen probieren kann.

Temaki-Sushi mit Thunfisch und Chili-Rettich

Würzig • Im Bild vorne

Zutaten für 4 Stück
1 Stück Rettich (100 g) • 1 kleine getrocknete rote Chilischote • 150 g ganz frisches Thunfischfilet • 2 Eßl. Sojasauce • 2 Eßl. Mirin (japanischer Kochwein) • 1 Teel. Zitronensaft • 2 geröstete Noriblätter • 200 g vorbereiteter Sushi-Reis (Rezept Seite 74) • 1 Teel. Wasabipaste
Zum Dippen und Dazuessen: Sojasauce • Wasabipaste • eingelegter Ingwer

Zeit: 20 Minuten
150 kcal pro Stück

Den Rettich schälen, in die Mitte der Schnittstelle mit einem Messer ein Loch bohren. Da hinein die Chilischote stecken. Den Rettich dann mit der Chilischote fein reiben.

Den Thunfisch trockentupfen, in 1 cm breite Streifen schneiden. Sojasauce, Mirin und Zitronensaft verrühren. Die Fischstreifen darin wenden. Den Chili-Rettich ausdrücken. Die Noriblätter quer halbieren. Aus dem Sushi-Reis mit angefeuchteten Händen 4 Bällchen formen.

Die Noriblätter mit Reis, Wasabipaste und den vorbereiteten Zutaten zu tütenförmigen Temaki-Sushi formen (siehe Seite 77).

Temaki-Sushi mit gehacktem Thunfisch

Gelingt leicht • Im Bild hinten

Zutaten für 4 Stück
2 zarte Frühlingszwiebeln • 150 g ganz frisches Thunfischfilet • 2 geröstete Noriblätter • 200 g vorbereiteter Sushi-Reis (Rezept Seite 74) • 1 Teel. Wasabipaste
Zum Dippen und Dazuessen: Sojasauce • Wasabipaste • eingelegter Ingwer

Zeit: 20 Minuten
140 kcal pro Stück

Die Frühlingszwiebeln waschen, putzen, trockenschütteln und in Stücke schneiden. Das Thunfischfilet trockentupfen und würfeln. Zwiebelstücke und Thunfischwürfel zusammen auf einem Kunststoffbrett mit einem scharfen Messer fein hacken.

Die Noriblätter quer in zwei Hälften schneiden. Aus dem Sushi-Reis mit angefeuchteten Händen 4 Bällchen formen. Die Noriblätter mit Reis, Wasabipaste und den vorbereiteten Zutaten zu tütenförmigen Temaki-Sushi formen (siehe Seite 77).

Die Temaki dekorativ anrichten und sofort servieren.

Temaki-Sushi mit Surimi und Avocado

Schmeckt Kindern • Im Bild links

Zutaten für 4 Stück
4 kleine Salatblätter • 1 kleine Schalotte • $^{1}/_{4}$ reife Avocado • 1 Teel. Zitronensaft • 4 Surimistäbchen (60 g) • 2 geröstete Noriblätter • 200 g vorbereiteter Sushi-Reis (Rezept Seite 74) • 1 Teel. Wasabipaste
Zum Dippen und Dazuessen: Sojasauce • Wasabipaste • eingelegter Ingwer

Zeit: 20 Minuten
65 kcal pro Stück

Den Salat waschen und trockenschütteln. Die Schalotte schälen, längs in feine Streifen schneiden, kurz unter Wasser abspülen und trockentupfen. Das Avocadostück schälen, längs in 4 Streifen schneiden und mit Zitronensaft beträufeln.

Die Surimistäbchen trockentupfen.

Die Noriblätter quer halbieren. Aus dem Sushi-Reis mit angefeuchteten Händen 4 Bällchen formen.

Die Noriblätter mit Reis, Wasabipaste und den vorbereiteten Zutaten zu tütenförmigen Temaki-Sushi formen (siehe Seite 77).

Temaki-Sushi mit Lachs und Gurke

Raffiniert • Im Bild rechts

Zutaten für 4 Stück
1 Stück Rettich (etwa 50 g) • 1 Stück Gärtner- oder Salatgurke (etwa 10 cm lang) • 150 g ganz frisches Lachsfilet mit Haut • $^{1}/_{2}$ Eßl. Kartoffelmehl • 2 Eßl. Öl • 2 geröstete Noriblätter • 200 g vorbereiteter Sushi-Reis (Rezept Seite 74) • 1 Teel. Wasabipaste
Zum Dippen und Dazuessen: Sojasauce • Wasabipaste • eingelegter Ingwer

Zeit: 25 Minuten
175 kcal pro Stück

Den Rettich schälen, zuerst in hauchdünne Scheiben, dann in möglichst feine Streifen schneiden. Das Gurkenstück waschen, längs in etwa 1 cm dicke Scheiben und diese ohne die Kerne in kurze, dicke Stifte schneiden.

Das Lachsfilet trockentupfen und mit Kartoffelmehl bestäuben. In einer beschichteten Pfanne im heißen Öl von jeder Seite 1 bis 2 Minuten braten. Den Lachs auf Küchenpapier entfetten, in 1 $^{1}/_{2}$ cm dicke Streifen schneiden. Den Rettich kurz mit Wasser abspülen und ausdrücken. Die Noriblätter quer halbieren. Aus dem Sushi-Reis mit angefeuchteten Händen 4 gleich große Bällchen formen.

Die Noriblätter mit Reis, Wasabipaste und den vorbereiteten Zutaten zu tütenförmigen Temaki-Sushi formen (siehe Seite 77).

Temaki-Sushi mit gemischten Pilzen

Vegetarisch • Schmeckt Kindern

Zutaten für 4 Stück
250 g frische gemischte Pilze (z. B. Shiitake-, Austern-, Steinpilze, Champignons) • 4 zarte Frühlingszwiebeln • 1 Eßl. Butter • 1 Eßl. Öl • 1 Teel. Sojasauce • 1 Prise Salz • Pfeffer • 1 Teel. Zitronensaft • 2 geröstete Noriblätter • 200 g vorbereiteter Sushi-Reis (Rezept Seite 74) • 1 Teel. Wasabipaste
Zum Dippen und Dazuessen: Sojasauce • Wasabipaste • eingelegter Ingwer

Zeit: 25 Minuten
105 kcal pro Stück

Die Pilze mit einem Küchentuch abreiben, die Lamellen eventuell mit einem Pinsel reinigen. Pilze nur falls nötig kurz waschen und auf Küchenpapier abtropfen lassen. Die Pilze in Scheiben schneiden, dabei Stielenden oder harte Stiele entfernen. Die Frühlingszwiebeln waschen, putzen und die grünen Teile in etwa 5 cm lange Stücke und diese in feine Streifen schneiden, trockentupfen.

Butter und Öl in einer großen Pfanne erhitzen. Die Pilze darin bei mittlerer Hitze unter gelegentlichem Wenden so lange braten, bis alle Flüssigkeit fast verdampft ist. Pilze mit Sojasauce ablöschen und mit Salz, Pfeffer und Zitronensaft würzen.

Die Noriblätter mit einer Schere quer in zwei Hälften schneiden. Aus dem Sushi-Reis mit angefeuchteten Händen 4 gleich große Bällchen formen.

Die Noriblätter mit Sushi-Reis, Wasabipaste, Frühlingszwiebelstreifen und den Pilzen zu tütenförmigen Temaki-Sushi formen (siehe Seite 77).

Tip

Dekorativ sieht es auch aus, wenn Sie die Zutaten in Salatblätter statt in Noriblätter einrollen. Dafür makellosen Salat auswählen. Es eignen sich Kopfsalat, Lollo rosso, Endivien-, Eisberg- oder auch Eichblattsalat. Damit die »Tüten« unten auch zusammenhalten, können Sie sie mit Streifen von Frühlingszwiebeln oder mariniertem Kürbis umbinden und die Enden verknoten.

Temaki-Sushi mit Omelett, Gurke und Kürbis

Etwas aufwendiger • Vegetarisch

Zutaten für 4 Stück
Für den Kürbis: 4 getrocknete Kürbisstreifen • 1 Teel. Salz • 1 Teel. Zucker • $1\,^1/_2$ Eßl. Sojasauce • 1 Eßl. Mirin
Für das Omelett: 4 Eier • 4 Eßl. Dashi-Fischbrühe (Instant) • $^1/_2$ Teel. helle Sojasauce • 1 Eßl. Zucker • 2 Teel. Mirin (japanischer Kochwein) • 1 Prise Salz • Öl zum Braten
Außerdem: 50 g Gärtner- oder Salatgurke • 2 geröstete Noriblätter • 200 g vorbereiteter Sushi-Reis (Rezept Seite 74)
Zum Dippen und Dazuessen: Sojasauce • Wasabipaste • eingelegter Ingwer

Zeit: 50 Minuten (+ 20 Minuten Einweichzeit)
180 kcal pro Stück

Die Kürbisstreifen kurz unter Wasser abspülen. Mit dem Salz zwischen den Händen reiben, bis sie weicher werden, abspülen. Kürbis in warmem Wasser mindestens 20 Minuten einweichen.

Inzwischen für das Omelett die Eier in eine Schüssel geben. Dashi-Brühe, Sojasauce, Zucker, Mirin und Salz kräftig vermischen und zu den Eiern gießen. Alles mit einem Schneebesen verrühren, aber nicht schaumig schlagen. Den Eierteig in einer kleinen, am besten viereckigen Pfanne wie auf Seite 78 beschrieben zu einem etwa 2 cm dicken Omelett backen. Aus der Pfanne nehmen und abkühlen lassen.

Währenddessen die Kürbisstreifen abgießen, mit frischem Wasser bedecken, aufkochen, 10 Minuten köcheln lassen und abgießen.

Den Kürbis in einem Topf mit frischem Wasser knapp bedecken. Zucker, Sojasauce und Mirin dazugeben. Bei mittlerer Hitze ohne Deckel so lange köcheln lassen, bis fast keine Flüssigkeit mehr vorhanden ist.

Die Gurke waschen und abtrocknen. Zuerst längs in 1 cm dicke Scheiben schneiden, diese quer halbieren. Die Noriblätter mit einer Schere quer in zwei Hälften schneiden. Den Kürbis abkühlen lassen und trockentupfen. Das abgekühlte Omelett quer halbieren, in 8 gleich große Streifen schneiden. Aus dem Sushi-Reis mit angefeuchteten Händen 4 gleich große Bällchen formen.

Die Noriblätter mit Sushi-Reis, Wasabipaste, Omelett-, Kürbis- und Gurkenstreifen zu tütenförmigen Temaki-Sushi formen (siehe Seite 77). Die Temaki auf einer Platte arrangieren.

Temaki-Sushi mit Hähnchenbrust

Würzig • Raffiniert

Zutaten für 8 Stück
Für die Sesam-Sauce: 1 Eßl. Dashi-Fischbrühe (Instant) oder Wasser • 1/2 Eßl. Zucker • 1 Eßl. helle Sojasauce • 1 Teel. Mirin (japanischer Kochwein) • 2 Eßl. Sesampaste (aus dem Glas)
Außerdem: 2 Eßl. Sesamsamen • 100 g Hähnchenbrustfilet • 1 haselnußgroßes Stück frischer Ingwer • 2–3 mittelgroße Weißkohlblätter • Salz • 50 g Blattspinat • 2 geröstete Noriblätter • 200 g vorbereiteter Sushi-Reis (Rezept Seite 74)
Zum Dippen und Dazuessen: Sojasauce • Wasabipaste • eingelegter Ingwer

Zeit: 45 Minuten
80 kcal pro Stück

Für die Sesam-Sauce die Dashi-Brühe oder das Wasser mit dem Zucker verrühren, bis er sich aufgelöst hat. Sojasauce, Mirin und Sesampaste hinzufügen. Alles glattrühren.

Den Sesamsamen in einer kleinen Pfanne ohne Fett bei mittlerer Hitze unter Rühren goldbraun rösten. Aus der Pfanne nehmen und beiseite stellen.

Das Hähnchenbrustfilet in einem Topf mit Wasser knapp bedecken. Den Ingwer schälen, halbieren und hinzufügen. Alles aufkochen und zunächst zugedeckt bei mittlerer Hitze 3 Minuten sanft köcheln lassen.

Inzwischen den Weißkohl waschen und putzen. Die Blätter in kleine Rechtecke schneiden. Weißkohl und 1–2 Prisen Salz zum Hähnchenfleisch geben. Alles noch 5–7 Minuten köcheln lassen, bis die Kohlstücke weich sind.

Währenddessen Salzwasser aufkochen. Den Spinat waschen, putzen und in dem kochenden Salzwasser 30 Sekunden blanchieren. Eiskalt abschrecken und abtropfen lassen. Danach gut ausdrücken und etwas auflockern.

Hähnchenbrust und Weißkohl in ein Sieb gießen, eiskalt abschrecken und gut abtropfen lassen. Den Ingwer entfernen. Das Fleisch in kleine Würfel schneiden, mit dem Weißkohl und der Sesam-Sauce gründlich vermischen.

Die Noriblätter vierteln. Aus dem Sushi-Reis mit angefeuchteten Händen 8 gleich große Bällchen formen. Die Noriblätter mit Sushi-Reis, Spinat und der Hähnchen-Weißkohl-Mischung zu tütenförmigen Temaki-Sushi formen (siehe Seite 77). Sesamsamen auf die Füllung streuen.

Variante

Temaki-Sushi mit Schweinefleisch
100 g mageres Schweinefleisch ebenso garen wie das Geflügel. Statt Weißkohl 1 Möhre in kurze und feine Streifen schneiden. Zum Fleisch geben und bißfest garen. Temaki wie im Rezept beschrieben zubereiten.

Temaki-Sushi mit Rinderfilet

Für Gäste • Besonders dekorativ

Zutaten für 4 Stück
Für die Knoblauch-Ingwer-Sauce: 2 Eßl. Dashi-Fischbrühe (Instant) • 3 Eßl. Sojasauce • 2 Eßl. Mirin (japanischer Kochwein) • 1/2 Knoblauchzehe • 1 haselnußgroßes Stück frischer Ingwer • 1 kleines Stück Kombu (Seetang, etwa 3 × 3 cm)
Außerdem: 1 Eßl. Sesamsamen • 8 kleine Blätter Eisbergsalat • 1 Bund Schnittlauch • 1/2 Möhre • 1 Stück weißer Rettich (40 g) • 150 g Rinderfilet • Salz • Pfeffer • 2 Eßl. Öl • 1/2 geröstetes Noriblatt • 200 g vorbereiteter Sushi-Reis (Rezept Seite 74) • 1 dünne Scheibe unbehandelte Zitrone
Zum Dippen und Dazuessen: Sojasauce • Wasabipaste • eingelegter Ingwer

Zeit: 45 Minuten (+ Ruhezeit über Nacht)
170 kcal pro Stück

Am Vorabend die Knoblauch-Ingwer-Sauce zubereiten. Dazu die Dashibrühe mit Sojasauce und Mirin verrühren. Knoblauch und Ingwer schälen, beides durch die Knoblauchpresse in die Sauce drücken. Den Kombu hinzufügen. Die Sauce zugedeckt über Nacht stehenlassen.

Am anderen Tag den Kombu aus der Sauce entfernen. Den Sesamsamen in einer kleinen Pfanne ohne Fett bei mittlerer Hitze unter Rühren goldbraun rösten. Aus der Pfanne nehmen und beiseite stellen.

Salatblätter waschen, putzen, abtropfen lassen und zusätzlich trockentupfen. Den Schnittlauch waschen und trockenschütteln. Möhre und Rettich schälen. Beides zuerst längs in dünne Scheiben, dann in möglichst feine Streifen schneiden. Den Rettich kurz unter kaltem Wasser abspülen und auf Küchenpapier abtropfen lassen.

Das Rinderfilet trockentupfen, rundherum salzen und pfeffern. In einer Pfanne das Öl erhitzen. Das Fleisch darin bei mittlerer bis starker Hitze von beiden Seiten 2–4 Minuten braten. Aus der Pfanne nehmen, das Fett mit Küchenpapier abtupfen. Rinderfilet quer zur Faser in möglichst dünne Scheiben schneiden. Die Scheiben in der Knoblauch-Ingwer-Sauce wenden.

Die Noriblatthälfte mit einer Schere in 4 schmale Streifen schneiden. Aus dem Sushi-Reis mit angefeuchteten Händen 4 gleich große Bällchen formen.

Je zwei Salatblätter mit Sushi-Reis, Möhren- und Rettichstreifen, Rinderfilet und Schnittlauch zu tütenförmigen Temaki-Sushi formen (siehe Seite 77).

Zum Schluß die Zitronenscheibe vierteln, je ein Stück in die »Tüte« stecken. Damit der Salat zusammenhält, den unteren Teil der Temaki mit Noriblattstreifen umwickeln und verknoten. Die Filetscheiben mit geröstetem Sesam bestreuen.

SASHIMI&CO

Für Einsteiger & Eingeweihte

Wußten Sie schon, daß es auch Sushi ganz ohne Reis gibt, oder solche, die in einer Schale mit viel Reis und leckeren Zutaten serviert werden, und daß sogar gedämpfte Sushi üblich sind? Sie sehen, die Sushi-Welt ist voller köstlicher Überraschungen.

Essen für Ästheten: Sashimi

Sashimi sind Sushi ohne Reis, sind Fischfilets in ihrer reinsten Form: nämlich roh, präzise in dünne Scheiben oder Streifen geschnitten, die hauchzart auf der Zunge zergehen. In Sushi-Bars, Japans kleinsten kulinarischen Tempeln, werden Sashimi förmlich zelebriert, nämlich bildschön angerichtet und mit zierlich geschnittenem Gemüse kunstvoll garniert. Zu gemischten Sashimi werden auch schon mal gegarte Garnelen und Lachskaviar serviert. Für europäische Zungen sind die Fischscheiben pur manchmal etwas gewöhnungsbedürftig, für Kenner jedoch der Höhepunkt eines Sushi-Essens. Sashimi paßt auch gut als Vorspeise in ein westliches Menü. Zum Essen taucht man jeden Bissen in Sojasauce (siehe auch Seite 75), die mit etwas Wasabipaste nachgewürzt werden kann.

Sashimi in vielen Variationen

Fast jeder Fisch ist für die Sashimi-Zubereitung geeignet – vorausgesetzt, er ist von bester Qualität und so frisch wie möglich. Besonders beliebt sind Sashimi von Thunfisch, marinierter Makrele, Heilbutt, Seezunge, Steinbutt, Dorade, Jakobsmuschel und Lachs. Auch von heimischen, fangfrischen Fischen wie Forelle oder Saibling kann Sashimi zubereitet werden.
Den Fisch kombiniert man mit würzenden Zutaten wie hauchfein geschnittenem Rettich, zarten Frühlingszwiebelringen, fein geriebenem Ingwer oder auch Zitronenscheiben.
Die Japaner servieren Sashimi im Einklang mit den Jahreszeiten. Ein Fisch wird immer nur dann verwendet, wenn sein Geschmack optimal ist. So gilt, daß Kaltwasserfische im Herbst und Winter am besten schmecken, Warmwasserfische dagegen in warmen Monaten besonders delikat sind.

Chirashi-Sushi — fernöstlich leicht

Es ist die Sushi-Art, die aus den östlichen Teilen Japans stammt und besonders in Tokio geschätzt wird. Chirashi-Sushi können am einfachsten zubereitet werden: Für jeden Esser wird eine Portion warmer Sushi-Reis in eine Schale gefüllt und mit den verschiedensten rohen und gegarten Zutaten belegt. Der Name bedeutet sinngemäß »verstreute« Sushi, was allerdings irreführend ist, denn die Zutaten werden nicht einfach wild auf dem Reis verstreut, sondern sorgsam und dekorativ darauf arrangiert. In einigen Provinzen Japans werden Reis und Zutaten auch miteinander vermischt. Da es so vielfältige Kombinationsmöglichkeiten gibt, ist die Zubereitung hauptsächlich vom persönlichen Geschmack abhängig, weniger von festgelegten Rezepten. Für Chirashi-Sushi wie für Mushi-Sushi (siehe rechts) sollten Sie den Sushi-Reis stärker würzen. Bereiten Sie ihn also mit etwas mehr Reisessig und Salz zu.

Die Harmonie der Zutaten genießen

Zum Essen wird mit Stäbchen — bei uns geht's auch mit einer Gabel — jeweils etwas von den Zutaten und vom Reis aufgenommen und in Sojasauce gedippt. Üblich ist es aber auch, das ganze Gericht mit wenig Sojasauce zu beträufeln. Wichtig ist, daß Sie bei jedem Bissen die Mischung von Zutaten und Sushi-Reis auf der Zunge haben, weil das letztendlich den Geschmack ausmacht.

Mushi-Sushi — die heiße Alternative

Die allermeisten Sushi-Arten werden mit Zimmertemperatur serviert. Mushi-Sushi dagegen sind »gedämpfte Sushi«, die heiß auf den Tisch kommen. Zubereitet und angerichtet werden sie wie Chirashi-Sushi, mit dem Unterschied, daß Mushi-Sushi anschließend noch kurz über heißem Wasserdampf gegart werden. In Japan serviert man sie deshalb gerne an kalten Tagen. Diese außergewöhnliche Art gehört zu den Sushi, deren Reste man unbekümmert auch aufgewärmt essen kann, für den Fall, daß überhaupt etwas übriggeblieben ist.

Schonendes Garen im Dampf

Sie können die jeweiligen Zutaten in vier kleinen oder zwei größeren Bambuskörbchen (in Asiengeschäften erhältlich) anrichten, die man zum Dämpfen bequem in einem Topf übereinanderstapeln kann. Haben Sie keine Körbchen, arrangieren Sie die Zutaten in vier Portionsschalen oder tiefen Tellern und stellen diese auf einen flachen Siebeinsatz in den Topf. Zwischen Topf und Deckel ein doppelt gefaltetes Küchentuch legen, damit die Wassertropfen vom Topfdeckel nicht aufs Essen »regnen«. Wenn im Topf nur Platz für zwei Schälchen oder Teller ist, entweder die übrigen Sushi in einem zweiten Topf dämpfen oder jeweils zwei Portionen nacheinander garen.

Sashimi von gemischtem Fisch

Etwas aufwendiger • Für Gäste

Zutaten für 4 Portionen
Für die marinierte Makrele: 1 ganz frisches Makrelenfilet mit Haut (etwa 120 g) • Salz • 50 ml Reisessig • 1 Eßl. Mirin (japanischer Kochwein) • 1 Teel. Zucker
Außerdem: 30 g Kaiso-Algen (getrocknete rötliche Meeresalgen) • 50 g Rettich • 1/2 Möhre • 50 g Gärtner- oder Salatgurke • 1 kleine unbehandelte Zitrone • einige Petersilienblättchen • je 100 g ganz frisches Lachs- und Thunfischfilet • 2 ganz frische ausgelöste Jakobsmuscheln • 4 gekochte und geschälte Garnelen (je etwa 30 g) • 3 Eßl. Lachskaviar • 2–4 geröstete Noriblätter • 4 Teel. Wasabipaste

Zeit: 1 Stunde (+ 4–5 Stunden Ruhezeit)
160 kcal pro Portion

Aus dem Makrelenfilet eventuell noch vorhandene Gräten mit einer Pinzette entfernen, fransige Seiten glattschneiden. Das Filet rundherum mit reichlich Salz einreiben, in Klarsichtfolie wickeln und 4–5 Stunden im Kühlschrank ruhen lassen. Anschließend das Salz kurz unter fließendem kaltem Wasser abwaschen. Das Fischfilet trockentupfen.

Das Makrelenfilet in eine flache Schüssel legen. Reisessig, Mirin und Zucker gründlich verrühren. Filet mit der Marinade begießen und zugedeckt im Kühlschrank mindestens 30 Minuten, besser aber 1 Stunde ziehen lassen, dabei einmal wenden.

Etwa 30 Minuten vor dem Servieren die getrockneten Kaiso-Algen waschen. In eine Schüssel legen, mit kaltem Wasser bedecken und 15 Minuten einweichen.

Den Rettich und die Möhrenhälfte schälen und putzen. Beides zuerst längs in dünne Scheiben, dann quer in möglichst dünne Streifen schneiden. Gurke waschen, abtrocknen und in dünne Scheiben schneiden, diese halbieren. Die Zitrone heiß waschen, abtrocknen und in dünne Scheiben schneiden, Zitronenscheiben halbieren. Die Petersilienblättchen waschen und trockentupfen.

Das Makrelenfilet aus der Marinade nehmen und trockentupfen. Die Haut ablösen, dazu am Schwanzende mit einem Messer etwas Fleisch und Haut voneinander lösen. Das Fleisch mit einer Hand festhalten und mit der anderen Hand die Haut abziehen. Makrelenfilet quer zur Faser und leicht schräg in 1 cm dicke Scheiben schneiden.

Algen in ein Sieb schütten und abtropfen lassen. Thunfisch- und Lachsfilet quer zur Faser und leicht schräg in 1 cm dicke Scheiben schneiden. Das elfenbeinweiße Muskelfleisch, die »Nuß« der Jakobsmuscheln, kurz waschen, trockentupfen und in dünne Scheiben schneiden.

Fische und Jakobsmuscheln mit Garnelen, Lachskaviar, Gemüse, Zitronenscheiben, Noriblättern, Kaiso-Algen, Petersilie und Wasabipaste auf vier Holzbänkchen oder flachen Platten dekorativ anrichten.

Chirashi-Sushi mit Gemüse und Rührei

Vegetarisch • Raffiniert

Zutaten für 4 Portionen
Für das Gemüse: 12 getrocknete Shiitake-Pilze (12–15 g) • 2 große Möhren • 2 Eßl. Zucker • 6 Eßl. Sojasauce • 4 Eßl. Mirin (japanischer Kochwein) • 4 Scheiben Lotuswurzel (aus dem Glas) • 80 g eingelegter Ingwer • Salz • 400 g Zuckerschoten
Für das Rührei: 6 Eier • 2 Teel. Zucker • 2 Teel. Salz • 2 Teel. Sojasauce • 8 Eßl. Sake (japanischer Reiswein) • 1 Eßl. Butter
Außerdem: 600–800 g vorbereiteter warmer Sushi-Reis (Rezept Seite 74)

Zeit: 35 Minuten (+ 20 Minuten Einweichzeit)
635 kcal pro Portion

Die getrockneten Pilze mit 350 ml kochendem Wasser übergießen und 20 Minuten einweichen. Danach in ein feines Sieb gießen, dabei das Einweichwasser auffangen. Pilze gründlich abspülen und die harten Stiele entfernen.

Die Möhren schälen, putzen, einmal längs und einmal quer halbieren. Pilz-Einweichwasser, Zucker, Sojasauce und Mirin aufkochen lassen. Pilze und Möhrenhälften in diesem Sud 10–12 Minuten unter gelegentlichem Rühren köcheln lassen, bis die Möhren weich sind. In ein Sieb gießen und abtropfen lassen, dabei den Sud auffangen. Die Pilzhüte und die Möhren in Streifen schneiden. Gemüse und Sud warm stellen.

Die Lotuswurzeln und den Ingwer abtropfen lassen. Salzwasser zum Kochen bringen. Die Zuckerschoten waschen, putzen und im Salzwasser in 3 Minuten knackig garen, für die letzten 30 Sekunden die Lotuswurzelscheiben dazugeben. Abgießen und kurz kalt abschrecken. Die Zuckerschoten längs in Streifen schneiden, zusammen mit den Lotuswurzeln warm stellen.

Für das Rührei die Eier mit Zucker, Salz, Sojasauce und Sake verquirlen. Die Butter in einer beschichteten Pfanne erhitzen, die Eimasse hineingießen und bei schwacher Hitze unter gelegentlichem Rühren zu einer cremigen Masse stocken lassen.

Den warmen Sushi-Reis in vier hohe Portionsschalen verteilen. Mit etwas warmem Gemüsesud beträufeln. Auf den Reis abwechselnd sternförmig Rührei, Zuckerschoten, Möhren und Pilze anordnen. In die Mitte zur Dekoration jeweils eine Scheibe Lotuswurzel, etwas eingelegten Ingwer und einige Möhren- und Zuckerschotenstreifen setzen.

Chirashi-Sushi mit gemischtem Fisch

Raffiniert • Für Gäste

Zutaten für 4 Portionen
10 g getrockneter Kürbis • 1 Teel. Salz • 2 Teel. Zucker • 2–3 Eßl. Sojasauce • 2 Eßl. Mirin (japanischer Kochwein) • 1 Stück Gärtner- oder Salatgurke (etwa 5 cm lang) • 50 g Rettich • 4 Teel. Wasabipaste • je 100 g ganz frisches Lachs-, Dorade- und Thunfischfilet • 600–800 g vorbereiteter warmer Sushi-Reis (Rezept Seite 74) • 4 gekochte und geschälte Garnelen (je etwa 30 g) • 1 Eßl. Lachskaviar • 80 g eingelegter Ingwer

Zeit: 40 Minuten (+ 20 Minuten Einweichzeit)
460 kcal pro Portion

Den Kürbis kurz abspülen. Mit dem Salz zwischen den Händen reiben, bis er weicher ist, abspülen. Kürbis in warmem Wasser mindestens 20 Minuten einweichen. Das Wasser abgießen, den Kürbis mit frischem Wasser bedecken, 10 Minuten köcheln lassen, dann abgießen.

Kürbis in einem Topf mit frischem Wasser knapp bedecken. Zucker, Sojasauce und Mirin dazugeben. Bei schwacher Hitze ohne Deckel so lange köcheln lassen, bis fast keine Flüssigkeit mehr vorhanden ist. Den Kürbis abkühlen lassen und trockentupfen.

Während der Kürbis kocht, die Gurke waschen, abtrocknen und sehr schräg in hauchdünne Scheiben schneiden, diese längs halbieren und das Mittelstück mit den Kernen herausschneiden. Den Rettich schälen, längs in dünne Scheiben schneiden. Rettichscheiben quer in hauchfeine Streifchen schneiden. Wasabipaste zu vier Kugeln formen, etwas flachdrücken und die Oberfläche sternförmig einschneiden.

Die Fischfilets trockentupfen. Lachs- und Thunfischfilets quer zur Faser und leicht schräg in 1 cm breite Scheiben schneiden, das Doradefilet auf diese Weise in 2–3 mm dünne Scheiben schneiden.

Den warmen Sushi-Reis in vier hohe Portionsschalen verteilen. Darauf die Lachs-, Thunfisch- und Doradescheiben mit den Garnelen, dem Lachskaviar, den Kürbis- und Rettichstreifen sowie dem eingelegten Ingwer und der Wasabipaste dekorativ anrichten.

Chirashi-Sushi mit Rinderfilet und Gemüse

Etwas teurer • Würzig

Zutaten für 4 Portionen
Für die Chili-Sesam-Sauce: 1 Eßl. Sojasauce • 1 Eßl. Sake (japanischer Reiswein) • 1 Eßl. Mirin (japanischer Kochwein) • 1 Eßl. Reisessig • 1 Teel. Sesamöl • 1 Teel. Chiliöl • 1 Msp. Cayennepfeffer • 1 Eßl. Sesamsamen
Außerdem: 300 – 400 g marmoriertes Rinderfilet (ohne Haut, Fett und Sehnen) • 1 1/2 Eßl. Sesamsamen • je 100 g Möhren, Lauch, Rettich und Gurke • Salz • 3 Eßl. Öl • 600 – 800 g vorbereiteter warmer Sushi-Reis (Rezept Seite 74)

Zeit: 1 Stunde (+ Ruhezeit über Nacht)
445 kcal pro Portion

Am Vortag für die Chili-Sesam-Sauce in einem Schälchen Sojasauce, Sake, Mirin, Reisessig, Sesamöl, Chiliöl und Cayennepfeffer verrühren. Mit Sesamsamen bestreuen und über Nacht zugedeckt stehenlassen.

Am anderen Tag das Rinderfilet in etwa 4 cm breite Stücke schneiden, in Alufolie wickeln und im Tiefkühlfach 45 Minuten anfrieren lassen.

Inzwischen den Sesamsamen in einer trockenen Pfanne bei mittlerer Hitze goldbraun rösten. Herausnehmen und beiseite stellen.

Das Gemüse waschen und putzen oder schälen. In etwa 5 cm lange und 1/2 cm dicke Streifen schneiden. Salzwasser in einem Topf aufkochen lassen. Die Möhrenstreifen darin 3 Minuten blanchieren, für die letzte Minute den Lauch hinzufügen. Beides abgießen, kalt abschrecken, gut abtropfen lassen und zugedeckt beiseite stellen.

Die Chili-Sesam-Sauce durch ein feines Sieb gießen, die Sesamsamen wegwerfen. Die angefrosteten Rinderfiletstücke mit einem Messer oder auf der Aufschnittmaschine quer zur Faser in gleichmäßig dünne Scheiben von 2 – 3 mm schneiden.

In einer großen Pfanne das Öl stark erhitzen. Die Fleischscheiben darin portionsweise unter Wenden 1 Minute braten. Das gesamte Fleisch in die Pfanne geben.

Möhren-, Lauch-, Rettich- und Gurkenstreifen zum Rinderfilet geben. Geröstete Sesamsamen und die Chili-Sesam-Sauce hinzufügen. Alles vermischen, mit Salz abschmecken und noch kurz zugedeckt ziehen lassen. Den warmen Sushi-Reis in vier hohe Portionsschalen füllen. Obenauf dekorativ die Fleisch-Gemüse-Mischung anrichten.

Gedämpfte Sushi mit Lachs und Garnelen

Gelingt leicht • Etwas aufwendiger

Zutaten für 4 Portionen
6 getrocknete Shiitake-Pilze • 15 g getrockneter Kürbis • Salz •1 Eßl. Zucker • 3 Eßl. Sojasauce • 2 Eßl. Mirin (japanischer Kochwein) • 100 g Blattspinat • 100 g Rettichsprossen • 200 g Bambussprossen (aus der Dose) • 4 rohe ungeschälte Garnelenschwänze (je 20–30 g; frisch oder tiefgekühlt) • 100 ml Reisessig • 1 Teel. Zucker • 150 g ganz frisches Lachsfilet mit Haut • 2–3 Eßl. Öl • 600–800 g vorbereiteter Sushi-Reis (Rezept Seite 74)

Zeit: $1^1/_2$ Stunden
435 kcal pro Portion

Die getrockneten Pilze mit 150 ml kochendem Wasser übergießen und 20 Minuten einweichen. Inzwischen den Kürbis kurz abspülen. Mit etwa 1 Teelöffel Salz zwischen den Händen reiben, bis er weicher ist, abspülen. Kürbis in warmem Wasser mindestens 20 Minuten einweichen. Den Kürbis abgießen, mit frischem Wasser bedecken und 20 Minuten köcheln lassen, in ein Sieb gießen. Die Pilze ebenfalls in ein Sieb gießen, dabei das Einweichwasser auffangen. Pilze gründlich abspülen und die harten Stiele entfernen.

Pilz-Einweichwasser, Zucker, Sojasauce und Mirin aufkochen lassen. Pilze und Kürbis in den Sud geben und zugedeckt 15 Minuten köcheln lassen. Herausheben und abtropfen lassen.

Salzwasser aufkochen. Den Spinat waschen, putzen und im Salzwasser 30 Sekunden blanchieren. Abgießen, kalt abschrecken und gut ausdrücken. Die Rettichsprossen waschen und abtropfen lassen. Die Bambusprossen in 3–4 mm dicke Scheiben schneiden.

Die frischen oder aufgetauten Garnelen von der Unterseite her auf einen Spieß stecken, damit sie sich beim Garen nicht zusammenrollen. Den Reisessig mit 100 ml Wasser und Zucker aufkochen. Die Garnelen darin bei schwacher Hitze 3 Minuten garen. Herausheben, abtropfen lassen und die Spieße entfernen.

Das Lachsfilet trockentupfen und in vier Scheiben schneiden. In einer beschichteten Pfanne in heißem Öl bei mittlerer Hitze von jeder Seite $^1/_2$ Minute braten, anschließend leicht salzen.

Den Boden von zwei Bambuskörbchen mit Alufolie auslegen. Dabei die Folie an den Rändern 3 cm hochziehen. Je die Hälfte vom Sushi-Reis hineinfüllen. Darauf die vorbereiteten Zutaten verteilen. Die Körbe übereinanderstapeln, auf den obersten Korb den Deckel setzen.

Einen breiten Topf 5 cm hoch mit Wasser füllen, die Körbe hineinsetzen. Sie dürfen das Wasser aber nicht berühren, eventuell ein Gitter auf den Topfboden stellen, darauf die Körbe setzen. Das Wasser zum Kochen bringen und die Sushi zugedeckt bei mittlerer Hitze 8–10 Minuten dämpfen.

Sushi-Reis perfekt gegart

Sushi-Reis
Zutaten für 1300 g fertigen Sushi-Reis:
600 g Sushi-Reis
1 kleines Stück Kombu (etwa 4 x 15 cm, eine Algenart)
70 ml japanischer Reisessig
$1^1/_2$ Teel. Salz
$1^1/_2$ Eßl. Zucker

• Den Sushi-Reis in einem Sieb unter fließendem kaltem Wasser so lange waschen, bis das Wasser klar abläuft. Kurz abtropfen lassen.
• Reis und 700 ml Wasser in einen flachen, schweren Topf füllen und das Stück Kombu dazugeben. Den Reis mindestens 10 Minuten quellen lassen.
• Anschließend den Reis unter gelegentlichem Rühren zum Kochen bringen und zunächst bei starker Hitze 2 Minuten kochen lassen.
• Dann die Hitze auf die kleinste Stufe schalten und den Reis zugedeckt je nach Pakkungsanweisung 10–20 Minuten ausquellen lassen. Der Reis sollte gerade gar sein.
(1) • Inzwischen den Reisessig mit dem Salz und dem Zucker in einer kleinen Schüssel mit einem Schneebesen so lange verrühren, bis sich Zucker und Salz völlig aufgelöst haben.
• Sushi-Reis vom Herd ziehen, den Deckel abnehmen, den Reis mit einem Küchentuch abdecken, noch 10 Minuten abkühlen und gleichzeitig nachquellen lassen.
• Dann entweder eine typisch japanische Holzschüssel (Hangiri) oder eine andere flache Schüssel aus unlakkiertem Holz oder Steingut mit kaltem Wasser ausspülen. Den heißen Reis hineinfüllen.
(2) • Den Sushi-Reis mit einem flachen Holzspatel rasch umwenden. Die Essigmischung darüber träufeln.
(3) • Damit der Reis schnell auf Zimmertemperatur abkühlt, locker wird und schön glänzt, mit dem Holzspatel wie mit einem Pflug Furchen in den Reis ziehen, von links nach rechts und von oben nach unten. Dabei nicht rühren und die Körner nicht quetschen. Zwischendurch dem Reis mit einem Fächer oder dem Holzspatel Luft zufächeln. Das Abkühlen und Lockern dauert rund 10 Minuten. (Den Reis auf keinen Fall zum Abkühlen in den Kühlschrank stellen.)
• Den fertigen Sushi-Reis mit einem feuchten Küchentuch abdecken, damit er nicht austrocknet und wie in den Rezepten beschrieben weiterverwenden.

Den Reis für Chirashi- und gedämpfte Sushi (Mushi-Sushi) sollten Sie zusätzlich mit etwas Reisessig und Salz nachwürzen.

1

2

3

Zeit und Menge
Für die Zubereitung von Sushi-Reis sollten Sie insgesamt etwa 50 Minuten einrechnen.

Aus dieser Reismenge können Sie zum Beispiel jeweils
3 Rezepte Nigiri-Sushi,
1 Rezept Hosomaki-Sushi,
1 Rezept Futo-Maki- und
1 Rezept Temaki-Sushi zubereiten.
Oder auch jeweils
1 Rezept Hosomaki-Sushi,
1 Rezept Gunkan-Maki und
1 Rezept Chirashi- oder gedämpfte Sushi.
Beide Zusammenstellungen genügen jeweils zum Sattessen für 4–6 Personen.

So kommen Sushi in Form

Essigwasser – damit nichts an den Händen klebt
Ein Schüsselchen mit Wasser und einem Schuß Reisessig sollte zur Sushi-Zubereitung parat stehen. Feuchten Sie Ihre Hände mit dieser Mischung an, um den Klebreis zu formen oder die Noriblätter mit Reis zu bedecken. Der Anti-Kleb-Effekt des Essigwassers ist auch beim Schneiden der Sushirollen hilfreich: Die Messerspitze ins Essigwasser tauchen, das Messer senkrecht stellen und mit dem Griff kurz auf die Arbeitsfläche stoßen. So verteilt sich das Essigwasser über die Klinge, und die Schnittflächen der Sushi-Bissen werden schön glatt.

Gekochte Sojasauce
In guten Sushi-Bars war es früher üblich, zu Nigiri-Sushi oder Sashimi eine mildere Sojasauce zu servieren, die den zarten Geschmack der Sushi noch besser zur Geltung bringt. So wird sie zubereitet: Verdünnen Sie die dunkle japanische Sojasauce im Verhältnis 10 : 1 mit Wasser, bringen Sie sie kurz zum Kochen. Dann auf Zimmertemperatur abkühlen lassen.

Nigiri-Sushi
»Nigiri« bedeutet »drücken«, und tätsächlich muß man sanften Druck ausüben, will man Reis und Belag in eine so attraktive Form bringen. Von der Optik her gibt es traditionell vier verschiedene Arten, das Reisklößchen zu formen. Es reicht aber völlig aus, wenn Sie die bei uns gebräuchlichste, die zylindrische Form beherrschen.
(1) • Für einen Fischbelag, hier beispielsweise Thunfisch, das Fischfilet quer zur Faser und leicht schräg in 8 dünne und möglichst exakte Scheiben von etwa 3 x 5 cm schneiden.
(2) • Die Fischscheiben jeweils auf einer Seite in der Mitte mit einer Fingerspitze Wasabipaste bestreichen. Den Sushi-Reis mit angefeuchteten Händen zu 8 länglichen Klößchen formen.
(3) • Rechtshänder legen je eine Fischscheibe mit der bestrichenen Seite nach oben in die linke Handfläche. Darauf ein Reisklößchen setzen und mit dem Daumen so gegen den Belag drücken, daß eine Delle entsteht. Reis und Fisch sollten jetzt gut »zusammenkleben«.

1

2

3

(4) • Nun das Sushi in die andere Hand nehmen und dabei umdrehen. Den Belag an den Reis drücken. Sushi wieder in die linke Hand zurücklegen. Die Längsseiten mit Daumen und Zeigefinger der rechten Hand behutsam zusammendrücken und das Sushi so in eine gleichmäßige zylindrische Form bringen.

4

5
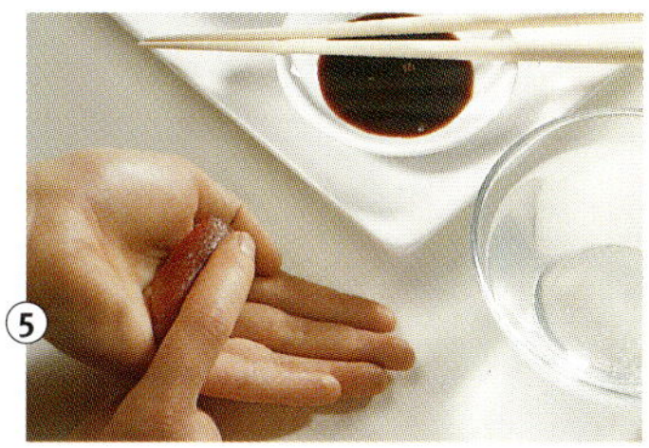

• Die beiden letzten Schritte ein- bis zweimal wiederholen.
(5) • Das Sushi mit dem Zeigefinger der rechten Hand nun von oben noch halbrund nachfomen, so daß die typische Kuppelform entsteht.

Maki-Sushi
Mit dieser Technik lassen sich Hosomaki-Sushi aus je einem halben Noriblatt formen, ebenso die dickeren Futo-Maki aus je einem ganzen Noriblatt.
• Für Hosomaki-Sushi zum Beispiel jeweils ein halbes Noriblatt mit der glatten Seite nach unten so auf eine Rollmatte aus Bambus legen, daß die untere Längsseite mit der Unterkante der Bambusmatte abschließt.
(1) • Die Hände mit Essigwasser befeuchten. Das Noriblatt knapp 1 cm hoch mit zimmerwarmem Sushi-Reis bedecken, dabei den Reis nicht zu fest drücken. An den Längsseiten jeweils einen kleinen Rand freilassen. Je nach Rezept eine Fingerspitze Wasabipaste in Längsrichtung auf den Reis streichen.
(2) • In die Mitte der Reisfläche, je nach Rezept, die Zutaten legen. Diese sollten ebenfalls (bis auf den Fisch, der kalt sein muß) Zimmertemperatur haben, da sonst Reis und Füllung nicht richtig aneinanderhaften können.
• Die Matte am unteren Ende leicht anheben und mit ihrer Hilfe Noriblatt und Reis um die Füllung herum zu einer Rolle formen, dabei die Füllung mit den Händen festhalten, daß sie in der Mitte der

1

2

3

4

Rolle bleibt. Kurz bevor die Sushi-Rolle rund ist, das Ende der Matte nach oben ziehen, damit man es nicht mit einrollt.
(3) • Nun der Sushi-Rolle die endgültige Form geben. Dazu einen Teil der Bambusmatte über die Rolle legen und jetzt behutsam aber dennoch kräftig mit beiden Händen zusammendrücken. Je nach Druck lassen sich so runde oder eckige Maki-Sushi formen.
• Die Bambusmatte entfernen. Die Sushirolle mit der »Naht« nach unten auf ein Brett legen. Die offenen Seiten mit den Fingern gut andrücken. Die Sushirolle zunächst mit einem scharfen, großen und mit Essigwasser angefeuchteten Messer einmal quer halbieren.
(4) • Dann die beiden Hälften parallel nebeneinanderlegen und nun je nach Rezept gleichmäßig halbieren oder dritteln. Dabei können Sie die Sushirolle gerade oder schräg durchschneiden. Sie erhalten entweder 4 größere oder 6 kleine Bissen. Die Maki-Sushi mit der Schnittfläche nach oben dekorativ anrichten.

Gunkan-Maki
Bei dieser Sushi-Art werden Füllungen mit einer weichen Konsistenz, wie hier beispielsweise Lachskaviar, von einem »Wall« aus Noriblattstreifen gehalten.

1

2

(1) • Mit angefeuchteten Händen aus dem Sushi-Reis 8 länglich-ovale Klößchen formen. Um jedes Reisklößchen einen Noriblattstreifen mit der glatten Seite nach außen wickeln. Auf die Unterseite des Streifenendes ein oder zwei Reiskörner festkleben. Streifenende damit am Noriblatt festdrücken.
(2) • Jeweils den Reis im Noriblattring behutsam etwas herunterdrücken. Die Füllung je nach Rezept gleichmäßig darauf verteilen und die Gunkan-Maki garnieren.

Ura-Maki-Sushi
Die »auf links gedrehten« Sushi brauchen beim Formen Ihre volle Aufmerksamkeit. Dafür gelingen sie dann besonders dekorativ – zum Beispiel die California-Roll.
• Eine Bambus-Rollmatte mit Frischhaltefolie umwickeln, damit der Reis nicht an ihr festklebt. Die Folie mit etwas Essigwasser benetzen. Haben Sie keine Bambusmatte, behelfen Sie sich mit extrastarker Alufolie. Diese braucht nicht mit Frischhaltefolie umwickelt, muß aber mit Essigwasser angefeuchtet werden.
• Ein halbes Noriblatt mit der glatten Seite nach unten so auf die Bambusmatte legen, daß die untere Längsseite mit der Unterkante der Bambusmatte abschließt.

1

2

• Die Hände mit Essigwasser befeuchten. Das Noriblatt knapp 1 cm hoch mit zimmerwarmem Sushi-Reis bedekken, dabei den Reis nicht zu fest andrücken und nicht quetschen. An den Längsseiten jeweils einen kleinen Rand freilassen.
(1) • Das mit Reis bedeckte Noriblatt wenden, so daß der Reis jetzt unten liegt. Auf die Mitte des Noriblattes längs einen dünnen Strich Mayonnaise spritzen oder streichen. Darauf die Füllung gleichmäßig verteilen.
(2) • Mit Hilfe der Matte eine Rolle formen und zusammendrücken, wie bei Maki-Sushi beschrieben. Die Sushirolle mit einem scharfen und mit Essigwasser angefeuchteten Messer einmal quer halbieren. Dann die beiden Hälften parallel nebeneinanderlegen und gleichmäßig dritteln, so daß Sie 6 Sushi erhalten. Jedes Sushi mit einer Seite in geröstete Sesamsamen tauchen und mit der Schnittfläche nach oben anrichten.

Temaki-Sushi
Temaki-Sushi werden entweder mit je einem $^1/_2$ Noriblatt zu größeren oder auch mit $^1/_4$ Noriblatt zu kleineren, gefüllten »Tüten« gewickelt.
• Aus dem Sushi-Reis mit angefeuchteten Händen je nach Rezept 4 oder 8 Bällchen formen. Das Noriblatt mit der glatten Seite nach unten in die linke Handfläche legen.

1

2

(1) • Auf das obere Ende des Noriblattes ein Reisbällchen setzen. Mit einer Fingerspitze Wasabipaste bestreichen.
• Je ein Viertel oder ein Achtel der Füllung, hier beispielsweise Lachs, Gurken und Rettich, auf den Reis legen und leicht andrücken, so daß Noriblatt, Reis und Füllung gut aneinanderhaften.

(2) • Das Noriblatt mit der Füllung zu einer Tüte aufrollen, die unten leicht spitz zuläuft. So kann der Inhalt nicht herausrutschen.
• Das äußere Noriblattende mit ein oder zwei Reiskörnern an der Tüte festkleben.

Hat Ihr Supermarkt keine Asien-Abteilung, und ist auch kein Asienladen in der Nähe? Bei folgenden Adressen können Sie Versandlisten anfordern und alle Zutaten für Sushi bestellen:

Firma Alfred Ewert
Weender Straße 84
37073 Göttingen
Telefon: 0551/7 50 20
Fax: 0551/5 60 91

Mailing
De Cruz &
Fischer GmbH
Westenriederstraße 6
80331 München
Telefon/Fax: 089/29 40 11

Tips und Tricks rund um Sushi

So gelingt das Omelett
Japaner haben eine viereckige Spezialpfanne für die Zubereitung. Das Omelett funktioniert aber auch in einer runden beschichteten Pfanne von etwa 24 bis 26 cm Ø.

• Zunächst 3 Eßlöffel Öl in die Pfanne geben, durch Schwenken gleichmäßig verteilen und stark erhitzen. Danach das heiße Öl abgießen.

• Eine dünne Schicht Eimasse in die Pfanne gießen und bei mittlerer Hitze nur eben stocken lassen, dabei entstehende Blasen aufstechen. Das gestockte Ei mit Hilfe einer Palette von unten nach oben zweimal übereinanderschlagen. Das Omelettstück sollte jetzt etwa 6 cm breit sein.

(1) • Den nun freien Platz in der Pfanne mit wenig Öl einpinseln. Mit einer dünnen Schicht Eimasse bedecken. Sofort die dickere Omelettschicht kurz anheben, damit etwas von der flüssigen Masse darunterlaufen kann.

(2) • Die dünne Schicht nur so lange stocken lassen, daß sie noch glänzt.

(3) • Dann mit Hilfe der Palette das Omelettstück mehrfach um die gerade gestockte Eischicht schlagen.

①

②

③

• Auf diese Weise fortfahren, bis die gesamte Eimasse verbraucht ist.

• Das fertige Omelett, das – mit 6 Eiern zubereitet – etwa 2 cm dick sein soll, vorsichtig aus der Pfanne auf ein Arbeitsbrett oder Tablett gleiten und abkühlen lassen. Dann, wie im jeweiligen Rezept beschrieben, in dekorative Stücke schneiden.

Was vor und zu den Sushi schmeckt

Süß-saure Gemüsestreifen
Zutaten für 4 Portionen:
je 100 g weißer Rettich, Möhren und Gurke, 1 Eßl. Salz, 1 Stück unbehandelte Zitronenschale, 60 ml Reisessig, 50 g Zucker, 1 Teel. frisch geriebener Ingwer.

Das Gemüse waschen, schälen und in 4 cm lange streichholzfeine Stifte schneiden. Mit Salz vermischen, 10 Minuten stehenlassen. Danach mit Wasser gut abspülen und ausdrücken. Die Zitronenschale in hauchfeine Streifchen schneiden. Essig mit Zucker, Zitronenschale und Ingwer aufkochen, über das Gemüse gießen. Mindestens 1 Stunde marinieren, dabei ab und zu umrühren. Das Gemüse hält sich zugedeckt im Kühlschrank ca. 5 Tage.

Spinatsalat mit Sesamsauce
Zutaten für 4 Portionen:
400 g Blattspinat, Salz, 2 Teel. geschälte Sesamsamen, 2 Eßl. Sesampaste (aus dem Glas), 2 Eßl. helle Sojasauce, 2 Eßl. Dashi-Fischbrühe (Instant) oder Wasser, 1/2 Teel. Zucker.

Spinat putzen, waschen und in kochendem Salzwasser 1 Minute blanchieren. In ein Sieb gießen, kalt abschrekken und gut abtropfen lassen. In einer trockenen Pfanne Sesam anrösten. Sesampaste mit Sojasauce, Dashi oder Wasser und Zucker verrühren. Den Spina in der Sauce wenden, mit Salz abschmecken und mit dem Sesam bestreuen.

Misosuppe mit Tofu
Für 4 Portionen:
800 ml Dashi-Fischbrühe (Instant), 2 Frühlingszwiebeln, 200 g fester Tofu, 100 g Miso (Sojabohnenpaste), 1 Eßl. Sake (japanischer Reiswein), Salz.

Dashi aufkochen lassen. Inzwischen die Frühlingszwiebeln waschen, putzen und schräg in hauchdünne Scheiben schneiden. Den Tofu würfeln. Das Miso mit etwas Brühe anrühren. Mit dem Sake in die übrige Brüh geben, glattrühren. Tofu und Zwiebeln darin 5 Minuten heiß werden lassen, die Suppe mit Salz abschmecken

Register

Dankeschön
an die Firma KAHLA und an das Restaurant TOKAMI für die Bereitstellung von Requisiten.

ISBN 3-7742-2401-3

Auflage 5. 4. 3. 2.
Jahr 03 02 01 2000

Impressum

© 1999 Gräfe und Unzer Verlag GmbH, München
Alle Rechte vorbehalten. Nachdruck, auch auszugsweise, sowie Verbreitung durch Film, Funk und Fernsehen, durch fotomechanische Wiedergabe, Tonträger und Datenverarbeitungssysteme jeder Art nur mit schriftlicher Genehmigung des Verlages.

Redaktion: Sabine Sälzer
Lektorat: Susanne Bodensteiner
Layout und Typographie: Carsten Tschirner
Umschlaggestaltung: Claudia Fillmann, independent Medien Design
Fotos: Barbara Bonisolli
Herstellung: Ina Hochbach, Verena Römer
Satz: Filmsatz Schröter, München
Reproduktion: Penta Repro, München
Druck: Appl, Wemding
Bindung: Großbuchbinderei Monheim

Marlisa Szwillus arbeitet freiberuflich als Fachjournalistin und Buchautorin in München, ist Mitglied des Food-Editors-Club. Als asienbegeisterte Autorin mit detaillierter Kenntnis fernöstlicher Kochkunst machte sie mit dem Bändchen »Sushi leicht gemacht« bereits Einsteigern Appetit auf das Thema Sushi.

Barbara Bonisolli gehört zur jungen Generation der Foodfotografen. Neben gutem Essen gilt ihr Interesse allen schönen Dingen rund um Tisch und Küche. Das ansprechende Ambiente für ihre Fotos gestaltet Barbara Bonisolli deshalb selbst.

Kunisuke Mitani, Sushi-Meis im renommierten Münchner Japan-Restaurant Tokami, übe nahm das Foodstyling bei der Fotoproduktion.

Das Original mit Garantie

Ihre Meinung ist uns wichtig. Deshalb möchten wir Ihre Kritik, gerne aber auch Ihr Lob erfahren. Um als führender Ratgeberverlag für Sie noch besser zu werden. Darum: schreiben Sie uns! Wir freuen uns auf Ihre Post und wünschen Ihnen viel Spaß mit Ihrem GU-Ratgeber.

Unsere Garantie: Sollte ein GU-Ratgeber einmal einen Fehler enthalten, schicken Sie uns das Buch mit einem kleinen Hinweis und der Quittung innerhalb von sechs Monaten nach dem Kauf zurück. Wir tauschen Ihnen den GU-Ratgeber gegen einen anderen zum gleichen oder ähnlichen Thema um.

Ihr Gräfe und Unzer Verlag
Redaktion Kochen
Postfach 860325
81630 München
Fax: 089/41981-113
e-mail:
leserservice@graefe-und-unzer.de